Uni-Taschenbücher 878

UTB

Eine Arbeitsgemeinschaft der Verlage

Birkhäuser Verlag Basel und Stuttgart
Wilhelm Fink Verlag München
Gustav Fischer Verlag Stuttgart
Francke Verlag München
Paul Haupt Verlag Bern und Stuttgart
Dr. Alfred Hüthig Verlag Heidelberg
Leske Verlag + Budrich GmbH Opladen
J. C. B. Mohr (Paul Siebeck) Tübingen
C. F. Müller Juristischer Verlag – R. v. Decker's Verlag Heidelberg
Quelle & Meyer Heidelberg
Ernst Reinhardt Verlag München und Basel
K. G. Saur München · New York · London · Paris
F. K. Schattauer Verlag Stuttgart · New York
Ferdinand Schöningh Verlag Paderborn
Dr. Dietrich Steinkopff Verlag Darmstadt
Eugen Ulmer Verlag Stuttgart
Vandenhoeck & Ruprecht in Göttingen und Zürich

Gert Leptin
Deutsche Wirtschaft nach 1945

Gert Leptin

Deutsche Wirtschaft nach 1945

Ein Ost-West-Vergleich

Leske Verlag + Budrich GmbH, Opladen 1980

Der Autor
Gert Leptin (Jg. 1929), Diplomkaufmann, Professor, Dr. rer. pol., Professor am Osteuropa-Institut der Freien Universität Berlin.

Wichtige Veröffentlichungen: Methode und Effizienz der Investitionsfinanzierung durch Abschreibungen in der Sowjetwirtschaft. Berlin 1961; Die Anlagen im Rechnungswesen der sowjetischen Industrieunternehmung Berlin 1962; Veränderungen in der Branchen- und Regionalstruktur der deutschen Industrie zwischen 1936 und 1962, Berlin 1965; mit Manfred Melzer: Economic Reform in East German Industry, Oxford/London/New York 1978.

CIP-Kurztitelaufnahme der Deutschen Bibliothek

Leptin, Gert:
Deutsche Wirtschaft nach 1945 (neunzehnhundertfünfundvierzig) / Gert Leptin. –
Opladen: Leske + Budrich, 1980.
(Uni-Taschenbücher; 878)
ISBN 3-8100-0273-9

Satz: Ingrid Steenbeck, Monhein
Druck: Hain-Druck KG, Meisenheim/Glan
Buchbinderiche Verarbeitung: Sigloch-Henzler Stuttgart
Einbandgestaltung: A. Krugmann, Stuttgart
Printed in Germany

Inhalt

Vorbemerkung

Veröffentlichungen über die politische und wirtschaftliche Entwicklung Deutschlands gibt es in großer Zahl. Insbesondere über den östlichen Teil Deutschlands, die DDR, sind in letzter Zeit eine Fülle von Analysen und Berichten erschienen. Dabei wird immer häufiger der Anspruch erhoben, ein ungeschminktes Bild der dortigen Verhältnisse zu zeichnen, die Situation zu schildern, „wie sie wirklich ist" und die tatsächliche Meinung der Bevölkerung zum Ausdruck zu bringen. So sehr diese Bestrebungen um Objektivität auch zu begrüßen sind, um so bedauerlicher ist es, daß den selbst verkündeten Ansprüchen nicht immer auch entsprochen wird. Es ist offensichtlich, daß die Überwindung politischer und ideologischer Vorurteile zwar eine notwendige, mitnichten aber eine hinreichende Voraussetzung für eine abgewogene Darstellung der DDR-Verhältnisse ist. Die materialmäßigen und methodischen Schwierigkeiten sind zumeist von erheblich größerer Bedeutung, zumal gerade sie häufig zu nicht ausreichend begründbaren Wertungen verleiten.

Die folgende vergleichende Darstellung der Wirtschaftsentwicklung in der Bundesrepublik Deutschland und in der DDR beansprucht weder grundsätzlich neue Erkenntnisse zu vermitteln noch dem Fehler voreiliger Wertung in jedem Fall entgangen zu sein. Ihr Ziel ist vielmehr, auf sehr begrenztem Raum die wesentlichen Gesichtspunkte, Argumente, Tatsachen und Entscheidungen aufzuzeigen, welche die Entwicklung der deutschen Nachkriegswirtschaft bestimmten. Wenn die Darstellung sich dabei doch mehr auf die Entwicklung in der SBZ/DDR als auf die der Westzonen/Bundesrepublik konzentriert, so deshalb, weil immer noch davon ausgegangen werden muß, daß hier ein relatives Informationsdefizit besteht. Die begrenzte Aufgabenstellung verbietet es, alle Bereiche der Gesellschaft und der Wirtschaft beider Teile Deutschlands in die Betrachtung einzubeziehen, genau wie sie es unmöglich macht, die ausgewählten Gebiete angemessen oder gar erschöpfend zu behandeln. Sowohl Auswahl als auch Art der Behandlung der einzelnen Teilprobleme entspringt der individuellen Bewertung ihrer Bedeutung für die Entwicklung durch den Autor. Beides kann und wird auf den Widerspruch einzelner Leser treffen. Dieser Widerspruch ist erwünscht. Da er ohne intensive Beschäftigung mit den anstehenden Problemen nicht möglich ist, fördert er unmittelbar das eigentliche Ziel dieser Schrift.

Vorwort zur dritten überarbeiteten und erweiterten Auflage

Da sich das Konzept der vorliegenden Schrift, die wichtigsten Faktoren und Ergebnisse der wirtschaftlichen Entwicklung beider Teile Deutschlands nach 1945 möglichst gedrängt zusammenzufassen, bewährt hat, beschränkte sich auch die Überarbeitung auf das notwendige Minimum. Es wurde nur versucht, einige Unklarheiten im bisherigen Text zu beseitigen, die Entwicklung der letzten Jahre einzuarbeiten und die statistischen Angaben zu aktualisieren. Für kritische Hinweise bleibt der Verfasser den Lesern dankbar.

A. Der Zerfall der deutschen Wirtschaftseinheit

So wie für die politische Nachkriegsentwicklung Deutschlands die Spaltung in zwei Teilstaaten das bestimmende Moment wurde, so war für die wirtschaftliche Entwicklung der Zerfall des ehemals einheitlichen Wirtschaftsgebietes in zwei voneinander weitgehend isolierte und in sich unausgeglichene Teilbereiche entscheidend. Dabei ist die Frage, ob die wirtschaftliche Spaltung eine Folge des politischen Auseinanderfallens ist oder ob umgekehrt die Auflösung der staatlichen Einheit durch ökonomische Entwicklungen bedingt wurde, kaum zu beantworten. In der Ost-West-Auseinandersetzung über die Spaltung spielt die Frage der Schuld eine große Rolle. Blickt man jedoch primär auf die wirtschaftlichen Zielvorstellungen, Entscheidungen und Maßnahmen der damals allein entscheidenden Alliierten Mächte, so erscheint die folgende Entwicklung weniger als Ergebnis an bestimmten Zielvorstellungen ausgerichteter Maßnahmen, sondern vielmehr als Folge einer Kette übersehener Zusammenhänge, Unterlassungen und Zufälle.

Die ursprüngliche Konzeption der Alliierten ging zweifellos von der Vorstellung aus, die staatliche Einheit Deutschlands, wenn auch im geschrumpften Rahmen, aufrechtzuerhalten. In der Erklärung der Konferenz von Jalta wurde zwar die Aufteilung Deutschlands in drei Besatzungszonen verkündet, gleichzeitig jedoch von einer „koordinierten" Verwaltung und Kontrolle durch eine Zentralkommission mit Sitz in Berlin gesprochen[1]. Noch eindeutiger war in dieser Hinsicht das Potsdamer Abkommen vom 2. August 1945. Obgleich „. . . bis auf weiteres keine zentrale deutsche Regierung errichtet werden. . ." sollte, sah es die Errichtung von zentralen deutschen Verwaltungsstellen für Finanz-, Transport- und Verkehrswesen, Außenhandel und Industrie vor, die unter Leitung des Kontrollrates von deutschen Staatssekretären geführt werden sollten (Teil III, Abs. 9 IV)[2]. Ausdrücklich hieß es in Absatz 14 dieses Teils: „Während der Besatzungszeit ist Deutschland als eine wirtschaftliche Einheit zu betrachten." Zu diesem Zweck sollten gemeinsame Richtlinien über Erzeugung und Verteilung der Produktion, über Ex- und Import, über Löhne, Preise und Rationierung sowie über Währung, Besteuerung und Zölle, Transport und Verkehrswesen erlassen werden. Auch für Reparationen und die

1 Das Potsdamer Abkommen und andere Dokumente, Berlin 1955, S. 11.
2 Das Potsdamer Abkommen, a.a.O., S. 25.

Beseitigung des militärischen Industriepotentials wollte man gemeinsame Richtlinien vereinbaren[3]. Andererseits sah Teil IV des Abkommens vor, daß sich jede Besatzungsmacht hinsichtlich ihrer Reparationsansprüche nur aus ihrer Besatzungszone befriedigen sollte, mit Ausnahme bestimmter, prozentual begrenzter Lieferungen aus den westlichen Zonen an die UdSSR.

Diese unklaren Vereinbarungen über die Reparationen bildeten den Keim des späteren Zerwürfnisses zwischen den Besatzungsmächten. Sowohl was den Gesamtumfang der sowjetischen Reparationsforderungen betrifft (etwa 10 Milliarden US-Dollar zu Preisen von 1938) als auch die Art der Reparationen (Demontagen und Entnahmen aus der neuen Industrieproduktion) war effektiv keine Einigung erzielt worden. Insbesondere als die Sowjetunion in ihrer Besatzungszone in immer stärkerem Maße zu Entnahmen aus der laufenden Produktion überging, schwanden jegliche Möglichkeiten einer gesamtdeutschen Wirtschaftspolitik, wie sie durch die gemeinsamen Richtlinien nach Abs. 14 des Abkommens vorgesehen waren: Gemeinsame Erzeugungs- und Verteilungsprogramme, sowie Import- und Exportprogramme für Deutschland als Ganzes lassen sich nicht ausarbeiten, wenn in einem Teil des zu versorgenden Gebietes große und zudem unkontrollierte „unentgeltliche Exporte“ stattfinden. Unter Hinweis auf ihre eigenen gewaltigen Kriegsschäden, ihre damit begründeten Reparationsforderungen und die Vereinbarungen nach Abschnit IV 1 des Potsdamer Abkommens lehnte die Sowjetunion es jedoch ab, sich hinsichtlich der Reparationspolitik in ihrer Zone irgendwelchen Beschränkungen zu unterwerfen.

Auf der anderen Seite waren auch die westlichen Alliierten nicht bereit, der sowjetischen Besatzungsmacht über die Vereinbarungen des Alliierten Kontrollrates hinausgehende, institutionalisierte Mitspracherechte in ihren Besatzungszonen einzuräumen. Das galt besonders für die wiederholt korrigierten Demontagepläne – an den Demontagen in den Westzonen sollte die Sowjetunion gemäß Potsdamer Abkommen mit 25 Prozent beteiligt werden, von denen jedoch 15 Prozent mit Gegenlieferungen, besonders an Nahrungsmitteln, bezahlt werden sollten, die aber nie erfolgten – wie mehr noch für die alliierte Kontrolle über die Produktion des Ruhrgebietes und die Verteilung ihrer Erzeugnisse. Insbesondere lehnten die Westmächte eine Beteiligung der Sowjetunion an der Ruhrbehörde ab.

Unter diesen Umständen war es nicht verwunderlich, daß die Warenlieferungen zwischen den Zonen nicht den beabsichtigten Charakter eines innerdeutschen wirtschaftlichen Ausgleichs gewannen, sondern zu reinen Austauschlieferungen wurden. Der innerdeutsche Warenverkehr wurde zum Interzonenhandel, das heißt zu einem Außenhandel besonderer Art. Die deutsche Wirtschaftseinheit zerbrach!

3 Das Potsdamer Abkommen, a.a.O., S. 26.

Daneben trugen auch die unterschiedlichen Maßnahmen der Besatzungsmächte in ihren jeweiligen Zonen, die aus ihren gegensätzlichen wirtschafts- und gesellschaftspolitischen Konzeptionen resultierten, zu dieser Entwicklung bei. Letztlich war es der große weltpolitische Gegensatz zwischen USA und UdSSR, der die Weltpolitik bis in die Gegenwart beherrscht, der sich in den unterschiedlichen Interessen in Deutschland zum ersten Mal deutlich herauskristallisierte.

B. „Kapitalistische Marktwirtschaft" oder „Sozialistische Planwirtschaft" – die Herausbildung der unterschiedlichen Wirtschaftssysteme

Die Unterschiede in den wirtschaftlichen Entwicklungen beider Teile Deutschlands, der drei Westzonen, aus denen später die Bundesrepublik wurde und der sowjetischen Besatzungszone, der späteren DDR, zeigen sich sowohl im Tempo, in der Struktur und im Ausmaß des wirtschaftlichen Wiederaufbaus als auch in den organisatorischen Bedingungen und gesellschaftlichen Strukturen, unter denen sich dieser Wiederaufbau vollzog. Insbesondere die Wirtschaftssysteme, die sich zum Teil unter massiver Unterstützung der Besatzungsmächte, teilweise aber auch gegen deren Vorstellungen von der zukünftigen Gestalt Deutschlands herausbildeten, zeigten bald die unterschiedlichen Wege, auf denen sich beide Teile Deutschlands befanden: Während man sich im Osten eindeutig am sowjetischen Vorbild orientierte und eine Wirtschaftsordnung zu entwickeln versuchte, die man dort „sozialistische Planwirtschaft" nennt, entschied man sich im westlichen Teil nach langen und teilweise harten, durch die Entwicklung in der Sowjetischen Besatzungszone / DDR stark beeinflußten Auseinandersetzungen, für ein grundsätzlich marktwirtschaftliches System. Je nach dem, worin man seine wesentlichen Elemente sieht, wird es als „kapitalistische", „freie" oder „soziale" Marktwirtschaft bezeichnet.

In der auf die Marx'sche Gesellschaftstheorie zurückzuführenden Bezeichnung „kapitalistische Marktwirtschaft" kommen die beiden üblicherweise zur Kennzeichnung von Wirtschaftssystemen herangezogenen Teilbereiche Eigentumsordnung und Lenkungsordnung zum Ausdruck: Die Eigentumsordnung ist durch „Kapitalismus", d.h. durch das Vorherrschen des Privateigentums an den Produktionsmitteln, gekennzeichnet. In der Lenkungsordnung herrschen marktwirtschaftliche, d.h. weitgehend auf Selbstregelungsmechanismen beruhende Methoden, vor. Privateigentum und Marktlenkung werden in dieser Bezeichnung also gleichermaßen deutlich. Die beiden anderen Benennungen gehen auf die Eigentumsordnung dagegen nicht ein – setzen vielmehr eine privatwirtschaftliche Eigentumsordnung voraus. In diesem Rahmen weist dann der Ausdruck „freie Marktwirtschaft" auf die prinzipielle, quantitativ aber nicht exakt definierbare Begrenzung staatlicher Eingriffe in die Marktprozesse hin. „Soziale Marktwirtschaft", die halbwegs offizielle Bezeichnung des westdeutschen Wirtschaftssystems, erfordert dagegen geradezu staatliche Eingriffe. Hier liegt der wesentliche Unterschied zwischen der klassich-liberalen Konzeption der „freien Marktwirtschaft" und der in erster Linie mit dem Namen Ludwig Erhard verbundenen neo-liberalen Konzeption der „sozialen Marktwirtschaft". Die Erfahrungen mit den wirtschaftspolitischen und sozialen Auswüchsen weckten bei den Vertretern des Neoliberalismus die Erkenntnis, daß der Staat durch Maßnahmen der staatlichen Wirtschaftspolitik im Rahmen der sozialen Marktwirtschaft zwei Probleme lösen muß, welche die freie Marktwirtschaft nicht lösen konnte: Die Bekämpfung von Kartellen, Monopolen und anderen Erscheinungen wirtschaftlicher Machtkonzentration zur Ausschaltung des Wettbewerbs und die Durchsetzung übergeordneter sozialer oder als sozial bezeichneter Zielsetzungen (Einkommensausgleich, Sicherung Alter und Kranker, Schutz bzw. Subventionierung der Landwirtschaft u.a. Wirtschaftszweige), die der Marktmechanismus von sich aus nicht berücksichtigt.

Eigentumsordnung und Lenkungsordnung stehen im übrigen nicht beziehungslos nebeneinander sondern bedingen und beeinflussen sich gegenseitig. Wenn unter Eigentum das Recht der Verfügung über Sachen einschließlich der daraus resultierenden Erträge verstanden wird, als Eigentümer also der tatsächlich und aus eigener Kompetenz Verfügende zu gelten hat, dann ist offensichtlich, daß es nicht ohne Auswirkungen auf die Lenkungsordnung bleiben kann, ob diese Verfügungsmacht bei einer Privatperson oder einem Angehörigen einer staatlichen Verwaltungshierarchie liegt.

Die Eigentumsordnung und die Lenkungsordnung gelten heute überwiegend noch als die wichtigsten Merkmale eines Wirtschaftssystems. Allerdings ist diese Meinung nicht unbestritten. Die neueren Theorien des Vergleichs von Wirtschaftssystemen halten beide Ansatzpunkte für zu unergiebig, um zu brauchbaren Vergleichen zu kommen und stellen in zunehmendem Maße auf die Prozesse und Mechanismen der Willensbildung, Konfliktlösungen und Entscheidungsfindung in unterschiedlichen Volkswirtschaften ab, um daraus neue und brauchbare Merkmale zur Unterscheidung und Charakterisierung von Systemen zu erlangen. Dennoch wird in dieser Darstellung der unterschiedlichen Entwicklung in beiden Teilen Deutschlands an der überkommenen Betrachtung festgehalten: Einmal sind die bisherigen Ergebnisse der neueren Untersuchungen nicht so überzeugend, daß sie als Grundlage einer allgemeinverständlichen Darstellung dienen könnten, zum anderen und wichtigeren spielen die Unterschiede in der Eigentums- und Lenkungsordnung sowohl im gesellschaftlichen Selbstverständnis beider Teile Deutschlands als auch in der politischen Auseinandersetzung immer noch eine so wichtige Rolle, daß unbedingt davon ausgegangen werden muß.

I. Privateigentum oder Sozialisierung – die Auseinandersetzung um die Eigentumsordnung

1. Wiederherstellung der Eigentumsverhältnisse in der Bundesrepublik

Die nach der Kapitulation der deutschen Wehrmacht und dem damit verbundenen Zusammenbruch des Deutschen Reiches einsetzende Diskussion über die politische Neugestaltung Deutschlands zeigte in den westlichen Besatzungszonen eine erheblich differenziertere Skala von Meinungen und Konzeptionen als in der sowjetischen Zone. Alle diese Meinungen wurden weitgehend bestimmt durch die politsichen Erfahrungen aus der Vergangenheit, insbesondere dem Zusammenbruch der Weimarer Republik, der Weltwirtschaftskrise und dem nationalsozialistischen Totalitarismus im „Dritten Reich" mit seinen katastrophalen Folgen. Allerdings wurden aus diesen gleichen oder zumindest ähnlichen Erfahrungen von den verschiedenen gesellschaftlichen Gruppen und politischen Gruppierungen durchaus unterschiedliche Schlußfolgerungen gezogen. Die wichtigsten Positionen, die sich gegenüberstanden und zwischen denen die Auseinandersetzung stattfand, war der demokratische oder freiheitliche Sozialismus, der von der SPD verfochten wurde, und der Neoliberalismus, der sich nach einigen Anfangsschwierigkeiten allmählich in der CDU durchsetzte und von dieser Partei später nachdrücklich vertreten wurde.

Die grundlegende Forderung des freiheitlichen Sozialismus war die Ausdehnung der Demokratie über den engeren staatlich-politischen Bereich hinaus auf den Bereich der Wirtschaft: Die angestrebte Demokratie könne nur Bestand haben, wenn sie gleichzeitig Wirtschaftsdemokratie sei. Das bedeutet, daß die demokratisch legitimierten Staatsorgane auch im Bereich der Wirtschaft dominieren, die Grundrichtungen von Produktion und Verteilung bestimmen und die letzten Entscheidungen über die Entwicklung treffen. Der so aufgefaßte Begriff Wirtschaftsdemokratie bedeutet daher nicht, daß in einer gegenüber dem Staat autonomen Wirtschaft die Entscheidungen demokratisch zustande kommen müssen (Mitbestimmung), sondern bedeutet im Gegenteil die Unterwerfung der Wirtschaft under die demokratischen Staatsorgane[4]. Nur so könne verhindert werden, daß im Falle einer erneuten Krise über das Profitinteresse der Konzerne wieder jene gesellschaftlichen Kräfte unterstützt würden, bei denen die größten Chancen für eine Konjunkturbelebung und Gewinnstabilisierung über das Rüstungsgeschäft gesehen werden.

Das Kernproblem der Wirtschaftsdemokratie sah der freiheitliche Sozialismus in der zukünftigen Regelung der Eigentumsordnung: Sozialisierung in den Schlüsselbereichen der Wirtschaft, weigehende Mit-

4 Adolf Arndt: Das Problem der Wirtschaftsdemokratie in den Verfassungsentwürfen. In: Süddeutsche Juristen-Zeitung Nr. 6, September 1946, S. 137 – 141.

bestimmungsrechte für die Arbeitnehmer und staatliche Wirtschaftsplanung waren die Instrumente, mit denen seine Ziele verwirklicht werden sollten.

Versucht man die Position des freiheitlichen Sozialismus kurz zu charakterisieren, so läuft sie darauf hinaus, daß es in der Gesellschaft in allen Bereichen nur demokratisch legitimierte Machtausübung geben darf und daß die Rechtsordnung verhindern muß, daß anders legitimierte Macht, die Macht der demokratischen Staatsorgane beeinträchtigen oder gar übertreffen könne[5].

Von einer ganz anderen, geradezu gegensätzlichen Position geht dagegen der Neoliberalismus aus. Die entscheidende Erfahrung, die seine Konzeption bestimmte, war nicht der Zusammenbruch der Weimarer Republik, sondern der totale Machtanspruch des Staates im „Dritten Reich". Selbstverständlich ist der Neoliberalismus nicht gegen die demokratische Legitimation staatlicher Macht, aber gleichzeitig sieht er die Gefahr, daß auch demokratische Legitimation der Macht vor Machtmißbrauch nicht schützt. Im Grunde geht es gar nicht einmal um regelrechten Mißbrauch der Macht: Einfach die Über-Macht des Staates ist für den einzelnen Bürger nur schwer zu ertragen. Um dieser Über-Macht entgegenzuwirken, muß Macht – wo sie auftritt – so weit wie möglich aufgeteilt werden. Das gilt sowohl für den Staat, in dem die Macht durch die Gegen-Macht der Gruppen neutralisiert werden muß, wie auch für die Wirtschaft, in der der vom Staat organisierte und garantierte Wettbewerb für eine Machtbegrenzung sorgen soll.

Aus dieser Konzeption ergibt sich zwangläufig die Stellung des Neoliberalismus zum Eigentum: Sofern durch die Wettbewerbsordnung die aus dem Privateigentum resultierende Macht begrenzt oder gar neutralisiert werden kann, ist das Privateigentum nicht nur erträglich, sondern im Gegenteil geradezu eine „. . . Voraussetzung für eine freie Gesellschafts- und Wirtschaftsordnung."[6]

Diese Auffassung vom Eigentum ist nicht originär neoliberal, sondern vom Neoliberalismus modernisiert und systematisch in die Wirtschaftsordnung eingebaut worden. Ihre Ursprünge reichen über ein Jahrhundert zurück. Sie wurden wahrscheinlich von Proudhon zum ersten Mal formuliert wenn er schreibt: „Das moderne Eigentum . . . kann dennoch als Triumpf der Freiheit angesehen werden. Die Freiheit hat es erschaffen, nicht . . . wider das Recht, sondern aufgrund einer dem Recht durchaus überlegenen Einsicht. Was ist in der Tat die Gerechtigkeit anders als das Gleichgewicht der Kräfte? . . . Aus dem Prinzip, daß das Eigentum . . . die einzige Kraft darstellt, die als Gegengewicht gegen den Staat dienen kann, ergibt sich: Das Eigentum

5 Adolf Arndt, a.a.O., S. 137 – 141.

6 Walter Eucken, Grundsätze der Wirtschaftspolitik, Hamburg 1959, S. 170. Franz Böhm: Die Bedeutung der Wirtschaftsordnung für die politische Verfassung. In: Süddeutsche Juristen-Zeitung, Nr. 6, September 1946, S. 141 – 149.

ist Absolutismus in einem anderen Absolutismus und so für den Staat auch ein Element der Teilung."[7]

Die Auseinandersetzungen zwischen den verschiedenen Standpunkten, zu denen noch einige andere, in ihrer Bedeutung jedoch hinter den hier kurz skizzierten zurücktretende Meinungen hinzukamen, dauerte mehrere Jahre an. Sie wurden durch eine Fülle verschiedener Faktoren beeinflußt, wie zum Beispiel die politischen Ziele und Vorstellungen der einzelnen Besatzungsmächte, wobei zu berücksichtigen ist, daß in dieser Zeit die britische Regierung von einer sozialistischen Partei gebildet wurde. Von besonderer Bedeutung war dabei jedoch die Entwicklung in der sowjetischen Besatzungszone, die unmittelbare Auswirkungen auf die Diskussion und ihre Ergebnisse hatte.

Allmählich setzte sich, zum Teil durch die von der FDP vorgeschlagene und im März 1948 erfolgte Berufung Erhards zum Direktor des Zweizonen-Wirtschaftsrates begünstigt, die neoliberale Position durch. Zunächst konnte sie sich in der CDU allmählich festsetzen. Noch im Ahlener Wirtschaftsprogramm von 1947 hatte sich die CDU Nordrhein-Westfalens auf ein Programm des sogenannten „christlichen Sozialismus", mit weitgehender Verstaatlichung der Großindustrie und staatlich-ständischer, parlamentarisch kontrollierter Lenkung von Produktion und Verteilung festgelegt. Gut zwei Jahre später, in den Düsseldorfer Leitsätzen von 1949 erfolgt ein eindeutiges Bekenntnis der Partei zu den Grundsätzen einer Wirtschaftsordnung, die als „Soziale Marktwirtschaft" bezeichnet wird. Ihre Grundlage fand sie im gleichen Jahr im Grundrechtskatalog des Grundgesetzes für die Bundesrepublik Deutschland. Das Grundgesetz ist zwar – wie das Bundesverfassungsgericht sowohl 1954 beim Urteil über das Investitionshilfegesetz als auch 1979 beim Urteil über das Mitbestimmungsgesetz feststellte – wirtschaftspolitisch „neutral" und auf keine bestimmte Wirtschaftsordnung – auch nicht auf die Soziale Marktwirtschaft – festgelegt. Durch die Bindung der wirtschaftspolitischen Gestaltungsmöglichkeiten an das System der Grundrechte ist dieser Rahmen jedoch nicht sehr weit gespannt. Eine besondere Bedeutung kommt dabei dem Eigentumsrecht zu: „Das Eigentum ist ein elementares Grundrecht, das in einem inneren Zusammenhang mit der Garantie der persönlichen Freiheit steht."[8] Die inhaltliche Übereintimmung mit den zitierten Ausführungen Proudhons ist unübersehbar.

Die eigentliche Entscheidung über die Wirtschaftsordnung, die Wahl der Wirtschaftsordnung, fiel mit der Wahl zum ersten Bundestag der Bundesrepublik Deutschland. Die beiden großen Parteien CDU/CSU und SPD hatten sich in ihren programmatischen Erklärungen zur Wahl

7 P.J. Proudhon: Ausgewählte Texte, herausgegeben und eingeleitet von Thilo Ramm, Stuttgart 1964, S. 277.

8 Urteil über das „Hamburger Deichordnungsgesetz vom 18.12.1968. (BVerf. GE 24, S. 367 ff.), sowie fast mit gleichem Wortlaut im Urteil zum Mitbestimmungsgesetz vom 1.3.1979.
Frankfurter Allgemeine Zeitung vom 2.3.1979

auf eine klare Alternative festgelegt. Durch den Wahlsieg der CDU/CSU und die damit verbundene Bildung der ersten Regierung unter Konrad Adenauer wurden die unter dem Namen Soziale Marktwirtschaft zusammengefaßten Grundsätze zur Gestaltung der Wirtschaftsordnung zur offiziellen Politik der Bundesregierung.

Als Ergebnis ist festzuhalten, daß es eine Sozialisierung größeren Ausmaßes in der Bundesrepublik daher nicht gab, daß die Institution des Privateigentums erhalten blieb und daß die Eigentumsstruktur der Bundesrepublik weitgehend mit der der Vorkriegszeit und wenn man von einigen Verschiebungen personeller Art absieht, sogar mit der Struktur der Weimarer Republik und des Kaiserreiches übereinstimmt.

2. Die Sozialisierung in der DDR

a) Begründung

Ganz anders verlief dagegen die Entwicklung in der sowjetischen Besatzungszone. Die eindeutige Haltung der sowjetischen Besatzungsmacht in der Sozialisierungsfrage und die ebenso eindeutige Unterstützung, die sie der KPD/SED hierbei zukommen ließ, verhinderte, daß es überhaupt zu einer echten, d.h. im Hinblick auf ein mögliches Ergebnis zunächst noch offenen Diskussion kam. Die Sozialisierung war bei den politisch bestimmenden Kräften von vornherein beschlossene Sache, auch wenn zunächst auf diesem Gebiet noch äußerst vorsichtig taktiert wurde.

Die eigentlichen Gründe, die für die Sozialisierung angeführt werden, sind äußerst vielgestaltig und in ihrer relativen Bedeutung nur schwer gegeneinander abzuwägen. Die wichtigsten sind:

(1) Das theoretisch-ideologische Argument: Im Privateigentum an den Produktionsmitteln liegt die Ursache für die Spaltung der Gesellschaft in die Klasse der Kapitalisten und der Proletarier, in die Ausbeuter und in die Ausgebeuteten. In ihm manifestiert sich der Grundwiderspruch der kapitalistischen Gesellschaft, der Widerspruch zwischen der gesellschaftlichen Produktion auf der einen und der privatkapitalistisch-individualistischen Aneignung der erzeugten Produkte durch die Kapitalisten auf der anderen Seite. Diese Situation erlaubt es den Kapitalisten, die Verteilung der Güter in ihrem Sinne zu steuern. Sie eignen sich dabei den Mehrwert an, d.h. den Wert der Güter, die von den Proletariern in der Mehrarbeitszeit – in der Zeit, die für die Reproduktion der Arbeitskraft aufgrund der gestiegenen Arbeitsproduktivität eigentlich nicht mehr erforderlich ist, in der die Arbeiter aber dennoch arbeiten müssen – geschaffen werden. Diese privatkapitalistische Aneignung des Mehrwertes nennt Marx Ausbeutung und sie ist für die krassen Einkommens- und Vermögensunterschiede und damit für die Ungleichheit in der Gesellschaft verantwortlich. Wenn man daher für Gleichheit ist, wenn man die Ausbeutung beseitigen will, so ist das nur

möglich, wenn man die Ursachen der Ungleichheit und der Ausbeutung beseitigt, nämlich das Privateigentum. In einer Gesellschaft, die auf Privateigentum aufgebaut ist, ist Ausbeutung unvermeidlich; in einer Gesellschaft, die das Privateigentum im wesentlichen beseitigt hat, kann es keine Ausbeutung (im Marxschen Sinne) geben. Das erste Argument besagt also kurz zusammengefaßt: Sozialisierung zur Beseitigung der Ausbeutung des Menschen durch den Menschen.

(2) Das politische Argument: In jeder Gesellschaft ist Privateigentum gleichbedeutend mit Herrschaft von Menschen über Menschen. Das heißt, daß Privateigentum gesellschaftlichen Einfluß verleiht, wenn es konzentriert auftritt sogar gesellschaftliche Macht. Wenn die Kommunisten daher die gesellschaftlichen Machtverhältnisse dauerhaft zugunsten der Arbeiterklasse, d.h. praktisch zu ihren Gunsten, verändern wollen, so setzt das die Entmachtung der bisher herrschenden Kräfte voraus. Sofern diese Macht auf Eigentum beruhte, so ist das nur durch Beseitigung der Machtbasis, d.h. durch Sozialisierung möglich. – In der Geschichte der Sowjetunion läßt sich diese Erkenntnis und die darauf aufbauende Politik deutlich nachweisen. Schon bald nach dem Sieg der Bolschewiki sprach Lenin von der Notwendigkeit, die „Kommandohöhen der Wirtschaft" in die Hand des Staates zu bekommen. Er verstand daraunter jene Bereiche, von denen am ehesten ein beherrschender Einfluß auf die übrige Wirtschaft ausgeübt werden konnte: die Großindustrie, die Banken und Versicherungen, das Verkehrswesen und den Außenhandel. Auf diese Bereiche konzentrierte und beschränkte der Staat daher zunächst seine Sozialisierungsbestrebungen. – Das zweite Argument läßt sich also zusammenfassen: Sozialisierung zur Veränderung der gesellschaftlichen Machtpositionen zugunsten des kommunistischen Staates.

(3) Das wirtschaftspolitische Argument: Wenn man von der Voraussetzung ausgeht, daß die staatlich-administrative Planung und Leitung von Produktion und Verbrauch eine größere Rationalität und eine höhere Effizienz in den Wirtschaftsablauf bringt als der Marktautomatismus – und diese Ansicht teilen nicht nur die meisten Marxisten, sondern auch eine große Zahl von Nicht-Marxisten – dann liegt es nahe, die Betriebe auch gleich zu verstaatlichen. Es ist zumindest wahrscheinlich, daß staatliche Planung und Leitung und die Zusammenarbeit zwischen den dafür zuständigen Staatsorganen und den Betrieben besser und reibungsloser funktioniert, wenn sich die Betriebe dann auch im Eigentum des Staates befinden als wenn es die Behörden mit einer Vielzahl privater und gegebenenfalls widerspenstiger Unternehmer zu tun haben. Das dritte Argument besagt also: Sozialisierung zur Erleichterung der staatlichen Wirtschaftsplanung.

Diese und möglicherweise andere Gründe, die für die Sozialisierung angeführt werden könnten, haben jedoch nur für das Selbstverstänsnis der herrschenden Partei und ihrer führenden Vertreter eine gewisse Bedeutung. In den Diskussionen der Nachriegsentwicklung in der SBZ/

DDR spielten sie nie eine größere Rolle. Man kann sogar annehmen, daß auch die führenden Kommunisten in ihren konkreten Zielsetzungen und Maßnahmen mehr von dem sowjetischen Vorbild und dem Versuch, es nachzuahmen, bestimmt wurden als von diesen mehr theoretischen Erwägungen.

In ihrem taktischen Vorgehen distanzierten sie sich sogar ausdrücklich sowohl von dem sowjetischen Vorbild[9] als auch von der Absicht der Sozialisierung. Im Mittelpunkt der Argumentation für „Enteignungen“ – nicht „Sozialisierung“ – stand „die ökonomische Notwendigkeit“, die „Sühne für Kriegsverbrecher und Naziaktivisten“ und die Strafe für Vergehen, besonders gegen die Bewirtschaftungsmaßnahmen. Die angewandte Taktik wurde im Zusammenhang mit dem Sächsischen Volksentscheid von 1946 zehn Jahre später von Wilhelm Koenen, der seinerzeit für die SED den Antrag auf Volksentscheid unterzeichnet hatte, genau beschrieben[10]. „Nur indem wir den Volksentscheid konsequent demokratisch begründeten, die Sozialisierungsparolen widerlegten und die Enteignung der Kriegsverbrecher als politisch-antifaschistische Aufgabe zur Sicherung des Friedens voranstellten, konnte der Volksentscheid zu seinem großen Erfolg geführt werden. Bei einer sozialen Problemstellung hätte der bürgerliche Eigentumsbegriff viele Wähler in eine Abwehrstellung gebracht. Diese bürgerlich-antifaschistisch-demokratischen Wähler waren aber bereit, eine politische Entscheidung gegen Kriegsverbrecher und Naziaktivisten als Sühnemaßnahme wegen der ungeheuerlichen Verbrechen, die von ihnen im Namen des deutschen Volkes begangen wurden, mit herbeiführen zu helfen.“

b) Methoden der Sozialisierung

Die Methoden, mit denen die Sozialisierung durchgeführt wurde und die sich im Laufe der Jahre wesentlich wandelten, unterschieden sich von Wirtschaftszweig zu Wirtschaftszweig.

Wenn man von der sofort nach Einzug der Roten Armee mit SMAD-Befehl Nr. 01 vom 23. Juli 1945 angeordneten Schließung der Banken und der Beschlagnahme ihrer Geld- und Wertpapierbestände absieht, dann war die *Landwirtschaft* der erste bedeutende Wirtschaftszweig, in dem es zu einschneidenden Änderungen der Eigentumsverhältnisse kam, Änderungen, von denen eine große Zahl von Menschen teils posi-

9 Aus dem Aufruf der Kommunistischen Partei Deutschlands vom 11. Juni 1945: „Wir sind der Auffassung, daß der Weg, Deutschland das Sowjetsystem aufzuzwingen, falsch wäre, denn dieser Weg entspricht nicht den gegenwärtigen Entwicklungsbedingungen in Deutschland.“ In: Zur ökonomischen Politik der Sozialistischen Einheitspartei Deutschlands und der Regierung der Deutschen Demokratischen Republik. Berlin 1955, S. 12.

10 Wilhelm Koenen: Zur historischen Bedeutung des Volksentscheides 1946. In: Sächsische Zeitung vom 30. Juni 1956. Zitiert nach: Werner Krause, Die Entstehung des Volkseigentums in der Industrie der DDR, Berlin 1958, S. 72 f.

tiv, teils negativ betroffen wurde: Bereits im September 1945 wurde durch Verordnungen der damaligen Länder- und Provinzialverwaltungen eine Bodenreform durchgeführt. Im Rahmen dieser Reform wurden alle Güter und landwirtschaftlichen Betriebe mit mehr als 100 ha Betriebsfläche sowie die Betriebe von Kriegsverbrechern und Naziaktivisten unabhängig von ihrer Größe enteignet und zum überwiegenden Teil an sogenannte Neubauern, das waren ehemals landlose Bauern und Landarbeiter, Vertriebene u.a., aufgeteilt:

Bilanz der Bodenreform

	Fläche in Mill. ha	in v. H.
Aufkommen		
7 112 Betriebe über 100 ha Fläche	2,50	77
4 278 Betriebe unter 100 ha Fläche	0,12	3
ehemaliger Staatsbesitz	0,32	10
sonstige Flächen	0,33	10
Aufkommen insgesamt	3,27	100
Verteilung		
209 000 Neubauernstellen	1,68	52
Landzulagen für landarme Bauern	0,31	9
Gartenzuteilungen	0,11	3
Waldzuteilungen	0,06	2
VEG u. a. staatliche Betriebe	1,11	34
Verteilung insgesamt	3,27	100

Während die Enteignungen grundsätzlich entschädigungslos erfolgten, mußten die Empfänger von Boden je ha den Gegenwert von 1 bis 1,5 t Roggen als Bezahlung an den Staat entrichten. – Die einzelnen Länder der SBZ wurden von der Reform in unterschiedlichem Maße betroffen: In Mecklenburg, wo es sehr viele großbäuerliche Betriebe und Güter gab, erfaßte die Bodenreform etwa 54 Prozent der landwirtschaftlichen Nutzfläche, in Thüringen dagegen nur 15 Prozent.

Die zweite Phase der sozialistischen Umgestaltung der mitteldeutschen Landwirtschaft, die Phase der Kollektivierung, begann im Jahre 1952 und endete 1960: 1952 wurde die erste landwirtschaftliche Produktionsgenossenschaft (LPG) gegründet und am 14. April 1960 meldete als letzter Bezirk der DDR der Bezirk Suhl die vollständige Überführung der selbständigen Bauern in die Genossenschaft.

Die Kollektivierung, die im Rahmen der Bodenreform durch die viel zu kleinen Betriebsgrößen der Neubauernstellen (im Durchschnitt 8,1 ha) ökonomisch vorbereitet wurde[11], erfolgte nach der Interpreta-

11 Wilhelm Piek am 2. September 1945 auf einer Versammlung in Kyritz/Brandenburg: „Auch die von den Feinden der Bodenreform oft kolportierte Behauptung, daß die KPD eine Kollektivisierung der Bauernschaft herbeiführen will, entbehrt jeder Grundlage." In: Bodenreform – Junkerland in Bauernhand. Dresden 1945, S. 14.

tion der SED auf der Basis strikter Freiwilligkeit. Das ist zutreffend, wenn man darunter versteht, daß kein Gesetz verabschiedet wurde, welches den Bauern den Beitritt zu einer LPG zur Pflicht machte. Dennoch ist es nicht falsch, wenn im Westen von einer Zwangskollektivierung gesprochen wird, insofern auf die Bauern jahrelang ein intensiver, politischer, psychischer und besonders ökonomischer Druck ausgeübt wurde, um sie zu einem Beitritt zu bewegen. Zum ökonomischen Druck ist beispielsweise zu rechnen: Steuerliche Benachteiligung der Einzelbauern im Vergleich zu LPG-Mitgliedern, höhere Pflichtablieferungen an den Staat, geringere staatliche Hilfe für Viehhaltung, Diskriminierung bei Ausrüstungs- und Düngemittelbelieferung, Vernachlässigung durch die staatlichen Maschinen-Traktoren-Stationen (MTS)[12], Preisdiskriminierung bei MTS-Leistungen (Einzelbauern zahlten im Vergleich zu den LPG zwischen 25 Prozent und 150 Prozent höhere Preise). Dennoch waren die staatlichen Bemühungen jahrelang nur von geringem Erfolg. Nicht nur die alteingesessenen Bauernfamilien, auch die Neubauern suchten zum überwiegenden Teil ihre wirtschaftliche Selbständigkeit zu verteidigen. Wie die Tabelle auf S. 23 zeigt, gelang es – nach einem deutlichen Rückschlag im Jahre 1953 – im Verlauf von sieben Jahren, das heißt bis Ende 1959, knapp die Hälfte der Bauern von den Vorteilen der LPG zu überzeugen. Daß die andere, hartnäckigere Hälfte dann im Verlauf von nur 3 1/2 Monaten zum Eintritt bewogen werden konnte, zeigt deutlicher als jedes Einzelbeispiel den allgemeinen Zwangscharakter dieser Maßnahmen.

Während in der ersten Kollektivierungsphase, von 1952 bis 1953, die Bildung von LPG Typ I, der am schwächsten kollektivierte Typ, bei dem praktisch nur die Feldwirtschaft gemeinschaftlich betrieben wird, im Mittelpunkt der Umwandlungsbemühungen stand, konzentrierte man sich in den Jahren 1954 bis 1956 mehr auf den vollkollektivierten LPG-Typ III. Bei diesem Typ wird das gesamte tote und lebende Inventar in die Genossenschaft eingebracht und den Mitgliedern verbleibt zur individuellen Bewirtschaftung nur die sog. „persönliche Hauswirtschaft“: 0,5 ha Acker, 2 Kühe, 2 Sauen, 5 Schafe und Kleinvieh. Seit 1957 bis zum Abschluß der Kollektivierung wurden dann wieder hauptsächlich LPG-Typ I gebildet. Seitdem ist es jedoch weitgehend gelungen, die LPG-Typ I und die Übergangsform LPG-Typ II (Feldwirtschaft, Zugvieh und Maschinen kollektiv) allmählich in Typ III umzuwandeln.

Nachdem sich in den ersten Jahren nach der Zwangskollektivierung die Erbitterung der Bauern in deutlichen Produktivitätsrückgängen ausdrückte, hat sich die Situation danach stabilisiert. Einerseits konn-

12 1958 entfielen von den Leistungen der MTS nur 16 Prozent auf die Einzelbauern, obwohl sie in diesem Jahr noch 62 Prozent der landwirtschaftlichen Nutzfläche der DDR bewirtschafteten.

Entwicklung der Kollektivierung

Jahresende	Zahl der LPG	Anteil an der LNF
1952	1 906	3,3 v. H.
Juni 1953	5 389	
1953	4 691	11,6 v. H.
1956	6 281	23,2 v. H.
1959	10 465	45,1 v. H.
1960	19 345	84,2 v. H.
1968	11 513	85,6 v. H.
1978	3 767	84,3 v. H.

LNF = Landwirtschaftliche Nutzfläche

ten sich die Bauern inzwischen vielfach von den Vorteilen der großbetrieblichen Arbeit und den dabei vorhandenen Möglichkeiten der Rationalisierung und Produktivitätssteigerung sowie den damit zusammenhängenden Einkommenssteigerungen überzeugen, zum anderen hat aber auch die staatliche Wirtschaftspolitik inzwischen erheblich mehr Mittel für die Landwirtschaft zur Verfügung gestellt und besonders durch Erhöhung der Aufkaufpreise für landwirtschaftliche Erzeugnisse die finanzielle Situation der LPG verbessert. Wenn man daher heute gelegentlich hört, daß die Bauern mit der LPG zufrieden sind und gar nicht wieder als selbständige Landwirte arbeiten wollen, so ist das durchaus verständlich. Man darf solche Äußerungen jedoch nicht verallgemeinern und für typisch halten. Man muß immer beachten, daß die Einkommen zwischen den verschiedenen LPG je nach den örtlichen und produktionstechnischen Besonderheiten extreme Unterschiede aufweisen und daß deswegen auch die Beurteilung der LPG und ihrer Arbeit durch die Mitglieder sehr unterschiedlich ist.

Auch bei der Sozialisierung der *Industrie* kann man hinsichtlich der angewandten Methoden deutlich mehrere Phasen unterscheiden.

In der ersten Phase, die von 1945 bis etwa 1948 reichte, erfolgten die Enteignungen im wesentlichen durch Befehle der Besatzungsmacht, deutsche Rechtsakte, die auf Befehle oder Gesetze der Besatzungsmacht zurückgingen oder durch Vermögenseinziehung, die im Zusammenhang mit Gerichtsverfahren gegen Naziaktivisten, Rüstungsfabrikanten und Kriegsverbrecher angeordnet wurden. Entscheidende Bedeutung kam in dieser Phase dem Befehl Nr. 124 der Sowjetischen Militär Administration in Deutschland (SMAD) vom 30. Oktober 1945 „Über die Beschlagnahme und provisorische Übernahme einiger Eigentumskategorien in Deutschland", dem sogenannten „Sequesterbefehl" zu. Durch diesen Befehl wurden mehr als zehntausend Betriebe zunächst beschlagnahmt und dann in 3 Kategorien eingeteilt: In einer Liste A wurden die Betriebe zusammengefaßt, über deren Schicksal in einer Volksabstimmung entschieden werden sollte. Eine solche Volksabstimmung fand am 30. Juni 1946 in Sachsen statt. Die Bevölkerung sollte mit „ja“ oder „nein“ über das „Gesetz über die Übergabe von Betrieben von Kriegs- und Naziverbrechern in das Eigentum des Volkes“ abstimmen. Artikel 1 des Gesetzes bestimmte, daß das Vermögen der Nazipartei, der Kriegsverbrecher, wie auch „. . . die Betriebe und Unternehmungen, die aktiv den Kriegsverbrechern gedient haben . . .“ enteignet und in das Eigentum des Volkes überführt werden sollten. Artikel 3 sah vor, daß enteignete Betriebe, die – weil zu unbedeutend – nicht in das Eigentum des Landes Sachsen übergehen sollten, an Privatpersonen verkauft werden konnten, wozu es dann in Artikel 5 hieß: „Die Einnahmen aus dem Verkauf der Betriebe und enteigneten Vermögenswerte werden zugunsten der Waisen, Witwen, Umsiedler, Bombengeschädigten und Invaliden verwendet.“[13] Von den abgegebenen gültigen Stimmen des Volksentscheids waren mehr als 82 Prozent mit dem Gesetz einverstanden. – In den anderen Ländern gab es keine Volksabstimmungen. Unter Berufung auf das sächsische Ergebnis und den gleichlautenden Willen der Werktätigen erfolgte die Enteignung und Überführung in Volkseigentum durch einfache Verordnung, wozu die Verwaltungen durch den Befehl Nr. 110 der SMAD vom 22. Oktober 1945 ermächtigt waren. Insgesamt wurden auf diesem Wege 9281 gewerbliche Unternehmungen, davon 3843 Industriebetriebe, verstaatlicht[14]. – Die weniger wichtigen Betriebe, die in der Liste B zusammengefaßt waren, wurden später an ihre Eigentümer „. . . wegen ungenügender (politischer) Belastung . . .“ zurückgegeben. – Die größten und bedeutendsten Betriebe wurden in einer Liste C zusammengefaßt und durch den Befehl Nr. 167 der SMAD vom 5. Juni 1946 „aufgrund der Reparationsansprüche der Sowjetunion in sowjetisches Eigentum . . .“ übergeführt. Die über 200 Betriebe wurden in 25 „Sowjetische Aktiengesellschaften SAG“ zusammengefaßt, von denen die den Uranerzbergbau betreibende Wismut-AG mit etwa 225.000 Beschäftigten die mit Abstand größte war. Im Jahre 1950 entfiel auf die SAG-Betriebe über 22 Prozent der gesamten Industrieproduktion der DDR. Bis Ende 1953 wurden die SAG‘s aufgelöst (mit Ausnahme der Wismut-AG) und die Betriebe an die DDR als volkseigene Betriebe zurückgegeben.

Die zweite Phase der Sozialisierung umfaßt etwa die Jahre 1949 bis 1955. In dieser Phase gab es keine Massenenteignungen mehr, sondern eine Vielzahl individueller Maßnahmen gegen private Unternehmer. Das wichtigste Instrument der Vergesellschaftung war die durch Verordnung vom 23. September 1948 in das Wirtschaftsstrafrecht eingeführte Möglichkeit, auf Vermögenseinziehung zu erkennen. Im Zusammenhang mit der Bewirtschaftungsgesetzgebung und dem Steuerrecht (rückwirkende Steuer, hohe Steuerstrafen) boten sich eine Fülle von Ansatzpunkten für Enteignungen. Als charakteristisch kann dabei die

13 Werner Krause, Die Entstehung des Volkseigentums in der Industrie der DDR, Berlin 1958, S. 71 f.

14 Werner Krause, Die Entstehung des Volkseigentums in der Industrie der DDR, Berlin 1958, S. 83.

Bestimmung des Steuerrechts angesehen werden, die es den Behörden erlaubte, auf den Teil der Steuerschuld zu verzichten, der das Gesamtvermögen des Steuerschuldners überstieg.

Die dritte Phase begann 1956 und dauerte bis Anfang 1972. Das neue Instrument war die Schaffung sogenannter „halbstaatlicher“ (halbsozialistischer) Betriebe: Private Unternehmer konnten beim Staat die Aufnahme einer staatlichen Kapitalbeteiligung beantragen. Zu diesem Zweck wurde das Unternehmen in die Rechtsform der Kommanditgesellschaft (KG) umgegründet, wobei der ehemals private Unternehmer persönlich haftender Gesellschafter und Geschäftsführer (Komplementär) und der Staat (vertreten durch eine Bank oder einen VEB) nur mit der Einlage haftender Teilhaber (Kommanditist) wurde. Für den Unternehmer hatte diese Teilaufgabe seiner Selbständigkeit einige erhebliche Vorteile: Er bekam neues Kapital, wurde bei der Zuteilung von Rohstoffen und Arbeitskräften gegenüber den privaten Unternehmungen begünstigt, konnte gegebenenfalls seine Ehefrau und andere Familienmitglieder im Betrieb anstellen, was vorher arbeitsrechtlich nicht anerkannt wurde (steuerliche Vorteile) und unterlag mit seinem Geschäftsführergehalt schließlich der günstigeren Lohnsteuer (maximaler Steuersatz: 20 Prozent), während er vorher sein gesamtes Einkommen mit dem Einkommensteuertarif F versteuern mußte, der Grenzsteuersätze von bis zu 90 Prozent aufweist. Es gibt Unternehmer, die auf diese Weise ihr Netto-Familieneinkommen vervielfachen konnten. Unter diesen Umständen ist es verständlich, daß die Nachfrage nach staatlichen Beteiligungen immer sehr groß war und der Staat sich aussuchen konnte, wo er sich beteiligen wollte. Bis Ende 1971 entstanden so 5.658 halbstaatliche Industriebetriebe mit fast 350.000 Beschäftigten. Demgegenüber waren zur gleichen Zeit in den noch bestehenden 2.976 Privatbetrieben noch 67.000 Personen beschäftigt. Zusammen entfielen auf sie über 11 % der Industrieproduktion. Um so überraschender kam Anfang 1972 das schnelle Ende der restlichen Privatwirtschaft: Die halbstaatlichen Industriebetriebe wurden – zusammen mit etwa 1.700 industriell produzierenden Produktionsgenossenschaften des Handwerks (PGH) – in Volkseigene Betriebe umgewandelt. Die ehemaligen Eigentümer erhielten eine vom Staat festgesetzte Entschädigung und konnten in vielen Fällen als staatlich eingesetzte Betriebsdirektoren weiterarbeiten. Die private Industrie ist damit jedoch – bis auf einen nicht identifizierbaren Restbestand[15] – praktisch beseitigt.

15 Im Jahre 1977 gab es im Wirtschaftsbereich Industrie etwa 100 Berufstätige (darunter weniger als 50 Arbeiter oder Angestellte) in Betrieben mit staatlicher Beteiligung und etwa 2.500 Berufstätige (darunter etwa 2.200 Arbeiter und Angestellte) in der privaten Wirtschaft. Danach müßte es noch sowohl halbstaatliche wie private Industriebetriebe geben. Für 1977 wird für den Bereich der privaten Industrie sogar wieder mindestens 1 Lehrling ausgewiesen. Statistisches Jahrbuch 1978 der Deutschen Demokratischen Republik, Berlin 1978, S. 85.

Die folgende Tabelle zeigt, wie die hier gekennzeichneten Entwicklungsetappen der Sozialisierung die Eigentumsverhältnisse in der Industrie der DDR verändert haben:

Eigentumsveränderungen in der Industrie der SBZ/DDR

Jahresende	Anteil an der Zahl der Betriebe in v. H.			Anteil am Produktionswert der Industrie in v. H.		
	sozialistisch	halbstaatl.	privat	sozialistisch	halbstaatl.	privat
1. Phase bis 1948[a]	.	–	.	61,0[b]	–	39,0
2. Phase bis 1955[c]	30,5	–	69,5	85,3	–	14,7
3. Phase bis 1971[d]	23,3	50,3	26,5	88,8	9,9	1,3

Quellen: a Werner Krause, a.a.O., Tabelle nach S. 108
b einschließlich SAG-Betriebe
c Statistisches Jahrbuch der DDR 1955, Berlin 1956, S. 121
d Statistisches Jahrbuch 1972 der DDR, Berlin 1972, S. 117 f.

Im *Handwerk* richteten sich die Sozialisierungsbemühungen ebenso wie in der Landwirtschaft auf die Kollektivierung der Handwerker. Die ersten Produktionsgenossenschaften des Handwerks (PGH) wurden schon 1953 gegründet. Da im Hinblick auf die vielen Versorgungsengpässe aber besonders das Reparaturhandwerk eine Schlüsselstellung besaß, konnte nur geringer Druck auf das Handwerk ausgeübt werden. Demgemäß entwickelten sich die PGH nur sehr allmählich: In den fünf Jahren 1953 bis 1957 wurden nur 295 PGH gebildet. Erst als im Jahre 1958 die 1950 zur Förderung des Handwerks erlassene günstige Handwerkssteuer für Betriebe mit mehr als 3 Beschäftigten verschärft und für sie eine besondere Handwerkssteuer B eingeführt wurde, stieg die Zahl der PGH von einem zum anderen Jahr sprunghaft auf 2.107 an. Inzwischen ist die Zahl der PGH, zum Teil begünstigt durch weiteren Abbau steuerlicher Vorteile für Einzelhandwerker, ständig gewachsen und erreichte bis 1971 eine Anzahl von 4.481. Durch die erwähnte Verstaatlichung von 1.702 PGH im Jahre 1972 und deren Ausgliederung aus dem Handwerk und Eingliederung in die Industrie ging nicht nur die Anzahl der Handwerksbetriebe zurück, sondern es sank auch der Gesamtwert der handwerklichen Leistung von 18,4 Mrd. Mark im Jahre 1971 auf 13,5 Mrd. Mark im Jahre 1972. Obwohl die Leistung der privaten Handwerksbetriebe von 1971 auf 1972 geringfügig von 9,0 auf 8,9 Mrd. Mark sank, erhöhte sich daher der Leistungsanteil des privaten Handwerks an der Gesamtleistung des Handwerks von 48,9 % auf 65,8 %.

Die Sozialisierung des privaten *Einzelhandels*, der schon seit 1945 gegenüber den wieder zugelassenen Konsumgenossenschaften durch schlechtere Warenbelieferung diskriminiert wurde, setzte sich seit der Gründung der staatlichen Handelsorganisation (HO) im November 1948 verstärkt fort. Aufgabe der HO sollte es sein, „. . . durch den Einzelhandel mit Lebensmitteln und Industriewaren außerhalb des Rationalisierungssystems die überschüssige Kaufkraft der Bevölkerung abzuschöpfen und den Schwarzhandel zu bekämpfen".[16] Das geschah jedoch mit einem Warenangebot, daß aus der normalen Industrieproduktion entnommen und damit dem offiziellen Versorgungssystem entzogen wurde. Daß durch dieses Verfahren insbesondere die ärmeren Schichten der Bevölkerung, besonders die Rentner, benachteiligt wurden, versteht sich von selbst. Später schaltete sich die HO auch in den allgemeinen, teilweise noch der Bewirtschaftung unterliegenden Einzelhandel ein und dehnte ihr Verkaufsstellennetz besonders seit 1951 durch Übernahme zahlreicher privater Einzelhandelsgeschäfte, die aufgrund der allgemeinen Diskriminierung bei der Warenbereitstellung der staatlichen Konkurrenz weichen mußten, aus. Ein anderes Instrument der Sozialisierung, das besonders seit Mitte der fünfziger Jahre an Bedeutung gewinnt, ist der Abschluß von Kommissionsverträgen zwischen privaten Einzelhändlern und staatlicher HO oder dem Konsum. Der Einzelhändler wird danach mit seinem privaten Ladengeschäft nur noch für Rechnung seines Kommissionspartners tätig. Es handelt sich also, ähnlich wie bei den halbstaatlichen Industriebetrieben, um eine Übergangsform zwischen privatem und sozialistischem Einzelhandel. Auch die Vorteile, die mit dem Abschluß des Kommissionsvertrages verbunden sind, entsprechen weitgehend denen der Komplementäre in halbstaatlichen Betrieben.

c) Ergebnisse

Versucht man, sich einen Überblick über die gegenwärtige Eigentumsstruktur in den wichtigsten Wirtschaftszweigen der DDR zu verschaffen, so ergibt sich für 1977 folgendes Bild (s. Tabelle Seite 28):

In allen anderen Wirtschaftszweigen ist die Sozialisierung inzwischen fast vollständig durchgeführt: Das gilt für den Außenhandel, der nach Artikel 9 (5) der Verfassung vom 6. April 1968 staatliches Monopol ist[17], für das Finanzwesen, das zu 100 Prozent sozialisiert und mit Ausnahme der genossenschaftlichen Volksbanken fast völlig verstaatlicht ist, und es gilt für das Verkehrswesen, wo es nur im Kraftverkehr und in der Binnenschiffahrt geringfügige private Restbestände gibt.

Drei Feststellungen sind zum Abschluß der Betrachtungen über die Entwicklung der Eigentumsstruktur in beiden Teilen Deutschlands zu treffen:

16 Werner Krause, a.a.O., S. 163.

17 Verfassung der Deutschen Demokratischen Republik vom 6. April 1968. Gesetzblatt der DDR Teil I Nr. 8/1968, S. 199 ff.

Eigentumsstruktur der DDR-Wirtschaft 1978

	insges.	sozialistisch insges.	volks-eigen	genossen-schaftlich	halb-staatl.	privat
Industrie						
Betriebe	6213	.	.	.	.	.
Berufstätige (1000)	3101	3099	3048	51	0,0	2,0
i. v. H.	100	99,9	98,3	1,6	0,0	0,1
Handwerk						
Betriebe	87985	2767	–	2767	–	85218
Beschäftigte (1000)	399	151	–	151	–	248
i. v. H.	100	38	–	38	–	62
Umsatz (Mrd.M.)	14,9	6,0	–	6,0	–	8,9
i. v. H.	100	40,3	–	40,3	–	59,7
Landwirtschaft						
VEG[1]/LPG + KAP[2]	–	–	487	4146	–	–
Berufstätige (1000)	876,9	862,9	157,0	705,8	0,1	14,0
i. v. H.	100	98,4	17,9	80,5	0,0	1,6
LNF[3] (1000 ha)	6282	5932	370	5449[4]	.	350
i. v. H.	100	94,4	5,9	86,7	.	5,6
Einzelhandel						
Umsatz (Mrd.M.)[5]	92,5	81,3	50[6]	30[6]	5,9	5,3
i. v. H.	100	87,5	52,8[2]	34,7[2]	6,5	6,0

1 einschließlich rd. 7o volkseigener Mastbetriebe
2 einschließlich 379 Kooperativer Abteilungen Pflanzenproduktion
3 LNF = Landwirtschaftliche Nutzfläche
4 davon 17071 ha LNF der 217 Gärtnerischen Produktionsgenossenschaften
5 einschließlich Gaststätten
6 Schätzung

VEG: Volkseigenes Gut
LPG: Landwirtschaftliche Produktionsgenossenschaft
KAP: Kooperative Abteilung Pflanzenproduktion

(1) Die Bemühungen zur Sozialisierung der Produktionsmittel sind in der DDR weitgehend abgeschlossen. Es gibt heute nur noch geringfügige Verschiebungen in der Eigentumsstruktur. Am stärksten sind sie im Handwerk, wo der Anteil des privaten Handwerks von Jahr zu Jahr um ein bis zwei Prozent abnimmt.
(2) Trotz dieser weitgehenden Stabilisierung der Eigentumsstruktur in

der DDR bestehen zwischen den Wirtschaftsbereichen beträchtliche Unterschiede. So dominiert in der Landwirtschaft der genossenschaftliche, in der Industrie der staatliche, in der DDR als Volkseigentum bezeichnet, und im Handwerk immer noch der private Bereich. Im Einzelhandel sind staatlicher und genossenschaftlicher Betrieb annähernd gleich stark.

(3) Die Eigentumsstruktur der DDR unterscheidet sich in allen Bereichen grundlegend von der der Bundesrepublik, wo es nach dem Zweiten Weltkrieg zu einer weitgehenden Beibehaltung der vorherigen Eigentumsverhältnisse kam. In der Landwirtschaft und im Handwerk der Bundesrepublik gibt es keine Produktionsgenossenschaften. Staatsgüter und konsumgenossenschaftlicher Handel haben nicht im entferntesten die Bedeutung wie in der DDR. Das Gleiche gilt für die staatliche Industrie in der Bundesrepublik. Wenn man ihren Anteil am Industrieumsatz grob schätzt (genaue Unterlagen liegen leider nicht vor), dann kommt man vielleicht auf einen Anteil von maximal 10 Prozent für den Bund, die Länder und die Gemeinden.

II. Marktwirtschaft oder Planwirtschaft – die Auseinandersetzung um die Lenkungsordnung

1. Das Problem der Wirtschaftsorganisation

Neben der Eigentumsordnung gilt die gesamtwirtschaftliche Lenkungsordnung als das zweite bestimmende Merkmal eines Wirtschaftssystems. Während es bei der Frage der Eigentumsordnung um die Grundstruktur der Gesellschaft ging, um das Verhältnis der Menschen zueinander und zum Staat, geht es bei der Lenkungsordnung darum, wie eine rationale Zusammenarbeit aller wirtschaftlich tätigen Menschen – und das sind fast alle Menschen – organisiert werden muß.

Die Aufgabe, um die es in diesem Zusammenhang geht, ist eine unmittelbare Folge der wirtschaftlichen Entwicklung, insbesondere der ständig zunehmenden Arbeitsteilung, das heißt der Produktionsspezialisierung. Die zunehmende Spezialisierung ist eine wesentliche Ursache der steigenden Arbeitsproduktivität, die ihrerseits wieder die Voraussetzung für steigende Einkommen und damit für mehr Wohlstand ist. Zunehmende Arbeitsteilung bedeutet auf der anderen Seite jedoch eine größere Zahl selbständig arbeitender Wirtschaftseinheiten, deren arbeitsteilig erbrachte Produktion gesamtwirtschaftlich nur dann sinnvoll ist, wenn sie mit der Arbeit aller anderen abgestimmt ist. Das Problem besteht also darin, die Arbeitsteilung so weit wie möglich zu entwickeln, aber so, daß auch die Arbeitsvereinigung, die gesamtwirtschaftliche Koordination der einzelnen Wirtschaftseinheiten, noch lösbar ist.

Von dem Umfang und der Bedeutung dieser Koordinationsaufgabe kann man sich eine ungefähre Vorstellung verschaffen, wenn man sich klar macht, wie viele solcher selbständig wirtschaftenden Einheiten in der Bundesrepublik existieren: Da sind zunächst die großen Gebietskörperschaften, der Bund, die elf Länder und etwa 10.400 Gemeinden, sodann rund 1,9 Millionen Betriebe und etwa 24 Millionen Haushalte, – ganz abgesehen von den einzelnen Konsumenten, die man gegebenenfalls auch noch berücksichtigen müßte. Beachtet man zusätzlich, daß es sich um eine weltweite Arbeitsteilung handelt, nimmt man also den Außenhandel noch hinzu, dann steigt die Zahl der zu koordinierenden Einheiten über jedes überschaubare Maß hinaus.

Diese Koordinierungsaufgabe kann nun auf unterschiedliche Art gelöst werden. Die wichtigsten Methoden, die hier besonders interessieren, weil sie die Grundlage für die Entwicklung in beiden Teilen Deutschlands wurden, sind die marktwirtschaftliche Lösung, die sich im wesentlichen auf die Funktionsfähigkeit eines sehr komplizierten Marktmechanismus verläßt und die planwirtschaftliche Lösung, bei der ein gleich großes Vertrauen in die Vor-Sicht und Einsicht staatlicher Planungsämter gelegt wird. Die Grundzüge beider Lösungsversuche sollen hier kurz skizziert werden. Dabei kann es sich selbstverständlich nur um eine Modelldarstellung zur Verdeutlichung der Grundprinzipien handeln. Die realen Ausprägungen dieser Modelle in der Wirklichkeit der Bundesrepublik und der DDR sehen ganz anders aus[18].

Die marktwirtschaftliche Lösung des Koordinationsproblems – auch als System staatsbürgerlicher Planung bezeichnet – beruht auf der dezentralen Planung der Wirtschaftseinheiten bzw. ihrer Leiter. Sie entscheiden, was, wo, wie und womit produziert und verkauft werden soll. Bei ihren Entscheidungen orientieren sie sich (neben vielen anderen Hilfsmitteln) im wesentlichen an den für ihren Betrieb bedeutsamen Preisen und deren erwarteten Veränderungen, die sich auf freien, das heißt nicht von Einzelnen oder Gruppen beeinflußten Märkten (Konkurrenzmärkten) nach dem Verhältnis von Angebot und Nachfrage, das heißt nach den jeweiligen Knappheiten, bilden. Verknappungserscheinungen bei einem Gut, das heißt das Übersteigen der Nachfrage über das Angebot, führt zu steigenden Preisen, die ihrerseits die nach möglichst hohem Einkommen oder Gewinn strebenden („profitgierigen") Unternehmer zur Erhöhung der Produktion veranlassen bzw. auch solche Betriebe mit ihrem Angebot wieder zum Zuge kommen lassen, die bei den vorherigen, niedrigeren Preise nicht mehr konkurrenzfähig waren. Bei die Nachfrage übersteigendem Angebot führt der gleiche Mechanismus über sinkende Preise zu einer Begrenzung des Angebots. Wesentliche Elemente der auf dem Marktautomatismus beruhenden Koordination sind also: Dezentrale Planung, Knappheitspreise,

18 Vgl. hierzu am besten K. Paul Hensel, Marktwirtschaft, Wirtschaftsordnung bürgerlicher Planung, Hannover 1965.
K. Paul Hensel, Zentralverwaltungswirtschaft, Wirtschaftsordnung staatlicher Planung, Hannover 1966.

freie Märkte, Streben nach höchstmöglichem Einkommen und Konkurrenz von Anbietern und Nachfragern.

Demgegenüber beruht die planwirtschaftliche Lösung der Koordinationsaufgabe auf dem Prinzip der zentralen Planung durch den Staat – darum auch System staatlicher Planung genannt. Bei diesem System entscheidet der Staat als Organisation der gesamten Gesellschaft – oder besser die staatlichen Planungsbehörden – welche Güter im Planungszeitraum gebraucht werden, wer diese Güter mit welchen Methoden (das heißt mit welchem Verhältnis von Arbeit und Kapitalgütern) produzieren soll und wie die erzeugten Güter innerhalb der Gesellschaft zu verteilen sind. Orientierungshilfe für diese staatlichen Planentscheidungen ist in der Regel ein umfassend ausgebautes System der Statistik und des betrieblichen Berichtswesens. Knappheitspreise, wie sie in Marktwirtschaften als wichtigster Entscheidungsparameter zur Verfügung stehen, gibt es nicht. Die Planberechnungen der staatlichen Behörden haben daher primär naturalen Charakter, das heißt, die Behörden rechnen und entscheiden in der Regel über Gütermengen.

Dennoch arbeitet jede Planwirtschaft in der Praxis auch mit Preisen, allerdings mit von den Planungsbehörden selbst errechneten und geplanten Preisen. Das ist deshalb erforderlich, weil die Behörden aus Kapazitätsgründen nur eine begrenzte Zahl von Gütern natural planen können. Da sie die anderen Güter aber nicht völlig aus der Planung entlassen können, muß man sie aggregieren, das heißt zu größeren Gütergruppen zusammenfassen. Dazu muß man sie aber erst einmal vergleichbar machen, was ohne Preise nicht möglich ist. Die Festlegung der Güter, die während eines Planungsabschnittes produziert werden sollen, erfolgt nicht autonom durch die Planungsbürokratie, sondern auf Vorschlag der Planungsbehörden durch die dafür zuständigen politischen Entscheidungsträger. Wie auf dieser Ebene jedoch die Entscheidungen zustande kommen, wie insbesondere die Interessen der Bürger auf eine möglichst gute Versorgung Berücksichtigung finden, wenn der Staat andere langfristige Zielsetzungen hat (zum Beispiel wirtschaftliches Wachstum), ist ein wesentliches Problem der Planwirtschaft, auf das hier jetzt nicht weiter eingegangen werden kann. Die wesentlichen Elemente der planwirtschaftlichen Koordination sind also: Vorherrschen der zentralen Planung, politische Entscheidung über Produktion und Verteilung, Mengenplanung, die in bestimmten Bereichen durch eine Geld- und Preisplanung ergänzt wird.

2. Die Währungsreform und der Abbau der Planwirtschaft in der Bundesrepublik

In den westlichen Besatzungszonen gab es in der Auseinandersetzung um Marktwirtschaft oder Planwirtschaft die gleichen Fronten wie in bezug auf die Eigentumsordnung: Die Vertreter des freiheitlichen Sozialismus sahen in der demokratisch kontrollierten Wirtschaftslenkung durch den Staat die einzig sinnvolle Lösungsmöglichkeit für die Überwindung der extremen Mangelsituation, während die Anhänger des Neoliberalismus für freien Wettbewerb und Marktwirtschaft waren.

Adolf Arndt, einer der zielstrebigsten Verfechter des freiheitlichen Sozialismus, erklärte seinerzeit die Wirtschaftslenkung zu einem wesentlichen Teil der von ihm angestrebten Wirtschaftsdemokratie und schrieb: „Eine Grundform der Wirtschaftsdemokratie muß es sein, durch einen demokratischen Wirtschaftsplan, der analog dem Haushaltsplan zu behandeln ist und auch der parlamentarischen Gesetzesform bedarf, über die Verwendung der Arbeitskraft des Volkes und der Grundstoffe, die der Allgemeinheit gehören, zu bestimmen.“[19]

Ihm entgegnete Franz Böhm, daß „. . . die Planwirtschaft . . . das sichere und unvermeidliche Ende der Demokratie (sei).“ Er begründete das damit, daß der Staat, um die Aufgaben der Planwirtschaft lösen zu können, eine Machtvollkommenheit brauche „. . . – und zwar eine Blankomachtvollkommenheit – mit der verglichen sich das Hitlersche Ermächtigungsgesetz von 1933 beinahe konstitutionell ausnimmt und vor der unsere Grundrechte dahinschmelzen werden, wie Schnee in der Tropensonne.“[20] Es ist dies der gleiche Gedanke, den die Nationalökonomen Friedrich Hayek mit dem Titel seines Buches „Der Weg zur Knechtschaft“ und Walter Eucken mit seiner Theorie von der „Interdependenz der Ordnungen“ zum Ausdruck bringen.

Daß sich die marktwirtschaftliche Konzeption durchsetzte, daß der damalige Direktor für Wirtschaft, Ludwig Erhard, das Gesetz über Leitsätze für die Bewirtschaftung nach der Währungsreform vom 24. Juni 1948 und die ihm darin eingeräumten Vollmachten dazu benutzte, die Bewirtschaftung für den größten Teil aller Güter aufzuheben und eine freie anstatt einer behördlichen Preisbildung dafür einführte, alles das sind bekannte Dinge. Nicht mehr ganz so bekannt oder zum großen Teil in Vergessenheit ist dagegen geraten, daß sich dieses neue System gegen heftigsten Widerstand der verschiedensten Seiten durchsetzen mußte und mehr als einmal in die Gefahr geriet, aufgehoben zu werden und in staatliche Lenkung und Preisbildung zurückzufallen.[21]

Der stärkste Widerstand kam von seiten der Sozialdemokraten. Im Zweizonen-Wirtschaftsrat verlangten sie wiederholt den Rücktritt Erhards, in der Presse und in der Öffentlichkeit prangerten sie die negativen Begleiterscheinungen der Aufhebung der Bewirtschaftung an: die bald eintretenden Preissteigerungen für eine Reihe von Gütern und die Zunahme der Arbeitslosigkeit. Während das erste zweifellos eine Folge der Preisfreigabe in einer Mangelsituation war, aber infolge der Preissteigerungen und des Marktautomatismus dann auch verhältnis-

19 Adolf Arndt, a.a.O., S. 140.
20 Franz Böhm, a.a.O., S. 145.
21 Hans Röper, Die Geschichte der D-Mark, Frankfurt am Main und Hamburg 1968.

mäßig schnell zu einer wesentlichen Erhöhung des Angebots und einer relativen Preisstabilisierung führte, war die Arbeitslosigkeit nur teilweise auf die Marktwirtschaft zurückzuführen. Zwar war es zutreffend, daß die Betriebe nur noch die Arbeitskräfte hielten, die sie wirklich gebrauchten und überzählige Beschäftigte entließen, im wesentlichen waren es jedoch außerwirtschaftliche Gründe, welche die Arbeitslosigkeit von etwa 600.000 im Jahre 1948 auf fast 2 Millionen im Jahre 1950 ansteigen ließen: Die Fortsetzung der Demontagen und der damit verbundene Verlust von Arbeitsplätzen spielte genauso eine wichtige Rolle wie die massiven Arbeitskräftezuflüsse aus der sowjetischen Besatzungszone und durch die Entlassung von Kriegsgefangenen. In der Auseiandersetzung mit den Sozialdemokraten wies Erhard immer wieder auf diese Zusammenhänge hin. Am berühmtesten war sein großes Streitgespräch mit dem sozialdemokratischen Wirtschaftsexperten Professor Erich Nölting, das am 8. Dezember 1951 in der Düsseldorfer Rheinlandhalle vor fast 5.000 Zuhörern stattfand. Obwohl Erhard sich und seine Politik dabei gut verteidigte, war nicht zu überhören, daß die Sympathien und die Zustimmung der Zuhörer doch mehr bei seinem Widersacher lagen.

Neben den Sozialdemokraten waren es besonders die Gewerkschaften, die sich der marktwirtschaftlichen Linie widersetzten. Zunächst versuchten sie, den Preissteigerungen mit Aufrufen zu Käuferstreiks zu begegnen. Später bot dann das Ansteigen der Arbeitslosigkeit Anlaß zu ernsten Besorgnissen und führte dazu, daß sie versuchten, mit einem 24stündigen Generalstreik gegen diese Entwicklung zu protestieren.

Es gab aber nicht nur innerdeutsche Gegner der Marktwirtschaft. Auch im Ausland wurde heftige Kritik an der Erhardschen Wirtschaftspolitik geübt. Insbesondere die Wirtschaftskommission der Vereinten Nationen für Europa in Genf (ECE), die gemeinsame Wirtschaftskommission für das europäische Wideraufbauprogramm in Paris (OEEC) und der Leiter der amerikanischen Marshallplan-Verwaltung in Deutschland griffen diese Politik zum Teil wiederholt scharf an. In dem Maße aber, in dem die Erfolge des wirtschaftlichen Wiederaufbaus, besonders nach dem Ende des Korea-Krieges, deutlich wurden, verstummte allmählich auch diese Kritik.

3. Die Entwicklung von der deutschen Kriegswirtschaft zur „sozialistischen Planwirtschaft“ der DDR

Während im Bereich der Eigentumsordnung die Nachkriegsentwicklung in der SBZ/DDR wahrhaft tiefgreifende Veränderungen mit sich brachte, verlief die Entwicklung der Lenkungsordnung weitaus kontinuierlicher. Zur Einführung der sozialistischen Planwirtschaft brauchte der marktwirtschaftliche Koordinationsautomatismus nicht erst abgeschafft zu werden, er bestand ohnehin nicht mehr. Zum Teil bereits vor dem Kriege, in verstärktem Maße aber während des Krieges war er in immer mehr Bereichen durch die kriegswirtschaftlichen Bewirtschaftungs-Vorschriften außer Kraft gesetzt worden. Diese Bestimmungen wurden auch nach dem Zusammenbruch des Deutschen Reiches nicht abgeschafft, sondern insbesondere auf allen für die Versorgung der Bevölkerung wichtigen Gebieten, aber auch im intermediären Produktionsbereich, von den Besatzungsmächten eher noch verschärft. Einen Bruch in dieser Entwicklung, genauer gesagt einen Abbruch dieser Entwicklung und insofern eine revolutionäre Veränderung, gab es nur in der Bundesrepublik. In der Sowjetischen Besatzungszone wurde die in der Kriegszeit entwickelte staatliche Lenkung zumindest in der Konzeption beibehalten. Natürlich änderten sich die Inhalte der staatlichen Lenkung: An die Stelle der Produktion kriegswichtiger Güter trat die Versorgung der Bevölkerung und die Sicherung der sowjetischen Reparationsforderungen. Auch personell gab es erhebliche Probleme, weil ein großer Teil der Fachleute geflohen war oder als politisch unzuverlässig aus den Wirtschaftsverwaltungen entfernt wurde. Es fehlte daher an qualifizierten, mit Problemen der staatlichen Wirtschaftslenkung vertrauten Personen. Trotz dieser und weiterer, z.T. erheblicher Anpassungsschwierigkeiten kann man dennoch sagen, daß die sozialistische Planwirtschaft der DDR unter Verwertung sowjetischer Erfahrungen systematisch und ohne prinzipiellen Bruch aus der Kriegswirtschaft des Deutschen Reiches entwickelt wurde.

a) Begründung der Planwirtschaft

Insofern ist es auch nicht verwunderlich, daß es gar nicht erst – wie in den Westzonen – zu einer tiefgreifenden Auseinandersetzung über die Lenkungsordnung kam. Auch eine spezielle Begründung für die staatliche Wirtschaftsplanung erübrigte sich, denn – wie die geschichtliche Erfahrung lehrt – was bereits besteht, begründet sich in der Regel durch seine Existenz. Dennoch gibt es selbstverständlich Argumente für die Planwirtschaft, wie sie beispielsweise auch in der Argumentation der freiheitlichen Sozialisten in den Westzonen zum Ausdruck kamen. Daneben spielten aber auch andere Gründe eine Rolle, die sich aus der speziellen Situation und dem gesellschaftlichen Selbstverständnis der politisch führenden Gruppen in der sowjetischen Besatzungszone ergaben.

So kann man das für die Sozialisierung gebrachte wirtschaftspolitische Argument, daß staatliche Planung und Lenkung leichter mit Staatsbetrieben durchzuführen sei, auch umkehren: Wenn man aus allgemeinen gesellschaftspolitischen Gründen die Sozialisierung der Produktionsmittel für unvermeidlich hält, dann ergibt sich die staatliche Planwirtschaft darauf mit zwingender Notwendigkeit. Die Beeinflussung der wirtschaftlichen Entwicklung nach bestimmten übergeordneten staatlichen Gesichtspunkten, das heißt Wirtschaftspolitik im weitesten Sinne, gehört zu den wesentlichen Aufgaben jedes Staates. Man kann fast sagen, daß der größte Teil jeder staatlichen Aktivität in irgendeiner Weise wirtschaftliche Ziele oder Auswirkungen hat, das heißt, Wirtschaftspolitik ist. In sozialistisch organisierten Staaten, in denen sich der größte Teil der Betriebe darüber hinaus im Eigentum des Staates befindet, kommt zu dieser sozusagen traditionellen staatlichen Wirtschaftstätigkeit noch die Aufgabe hinzu, unmittelbar das Schicksal dieser Betriebe zu bestimmen und zu lenken. Auch wenn er sich dabei nicht um die täglichen Aufgaben und Probleme der Betriebe kümmern muß, sondern dafür ähnlich wie private Eigentümer einen (staatlichen) Manager einsetzt, so muß er doch zumindest die Ziele des Betriebes umreißen und eine langfristige Konzeption entwickeln. Dadurch beeinflußt der Staat die Wirtschaft aber nicht nur von der Spitze der gesellschaftlichen Organisation her, wie jeder Staat, sondern auch von der Basis, den Betrieben. Er überwuchert sie von oben und unten, so daß praktisch überhaupt kein staatsfreier Raum mehr bleibt. Zusammengefaßt lautet das Argument: Die staatliche Planwirtschaft ist eine zwangsläufige Konsequenz der Verstaatlichung.

Es muß an dieeser Stelle jedoch darauf hingewiesen werden, daß diese These nicht unbestritten ist, ja daß es einen praktischen Versuch gibt, sie zu widerlegen: Die jugoslawischen Bemühungen, trotz „gesellschaftlichen" (nicht staatlichen) Eigentums an den Produktionsmitteln zu einem marktmäßigen Lenkungssystem zu kommen, die Versuche zur Entwicklung einer „sozialistischen Marktwirtschaft" könnten eventuell zur Korrektur dieses Arguments zwingen.

Das zweite, theoretisch-ideologische Argument geht auf die ursprüngliche Lehre von Marx zurück. Marx erklärte aus der Institution des Privateigentums an den Produktionsmitteln nicht nur die Ausbeutung, sondern über die Theorie der kapitalistischen Akkumulation und des tendenziellen Falls der Profitrate einerseits, der industriellen Reservearmee und der relativen und absoluten Verelendung der Proletarier andererseits auch die ständige Wiederkehr von Wirtschaftskrisen. Die Krisen sind danach ein notwendiger, sich aus der „Anarchie des Marktes", das heißt aus der nicht aufeinander abgestimmten Produktion einzelner privatkapitalistischer Betriebe, ergebender Bestandteil des kapitalistischen Systems. Die Ausschaltung der Krisen setzt daher nicht nur die Beseitigung des Privateigentums voraus, sondern auch die der Marktanarchie und ihre Ersetzung durch gesamtgesellschaftliche (staatliche?) Planung. Dieses zweite Argument lautet daher kurz: Staatliche Planwirtschaft ist die Voraussetzung für ein gleichmäßiges, von Krisen freies Wirtschaftswachstum.[22]

22 Eine Analyse der langfristigen Entwicklung der jährlichen Wachstumsraten aller sozialistischen Volkswirtschaften in Europa zeigt deutlich, daß es auch in Planwirtschaften z.T. extreme Wachstumsschwankungen, gelegentlich sogar Schrumpfungsprozesse (Krisen?) gibt.

b) Entwicklung und Grundstruktur des Planungsapparates

Die Entwicklung des wirtschaftlichen Planungsapparates in der Sowjetischen Besatzungszone beschränkte sich wie die gesamte staatliche Verwaltungsorganisation in den ersten beiden Jahren der Besatzung auf den Bereich der jeweiligen Länder. Schon 1945 wurden bei den Länderverwaltungen Ämter für Wirtschaftsplanung geschaffen, die Ende 1946 zu Hauptabteilungen Wirtschaftsplanung bei den Landesregierungen wurden. Eine Gesamtkompetenz für die ganze Besatzungszone befand sich zu dieser Zeit nur bei der SMAD, die sich mit ihren Forderungen und Befehlen an die jeweiligen Landesregierungen wandte. Dieser Situation widerspricht nicht die Tatsache, daß bereits 1945 eine Reihe von Zentralverwaltungen in der SBZ, zum Beispiel für Industrie, Brennstoff, Finanzen, Gesundheitswesen, Justiz usw., gegründet wurden. Diese Verwaltungen, die jeweils unter der Leitung eines deutschen Präsidenten standen und unter anderem über eine Hauptabteilung Planung und Statistik verfügten, hatten keinerlei Exekutivbefugnisse und sollten in erster Linie die SMAD unterstützen und die Arbeiten der jeweiligen Landesverwaltungen koordinieren[23]. Dennoch kam es zwischen ihnen und den Ländern zu Kompetenzstreitigkeiten, die erst durch ein besonderes Abkommen zwischen den Ländern und einigen Zentralverwaltungen vom 10. Februar 1947 beseitigt wurden[24].

Durch den Befehl Nr. 138 der SMAD vom 27. Juni 1947 wurden dann die ökonomischen Zentralverwaltungen zur Deutschen Wirtschaftskommission (DWK) zusammengeschlossen. Aber auch die DWK hatte im ganzen Jahr 1947 nicht mehr Kompetenzen als die einzelnen Zentralverwaltungen. Erst der SMAD-Befehl Nr. 32 vom 12. Februar 1948 verlieh der DWK das Recht, wirtschaftliche Verordnungen für die ganze Sowjetische Besatzungszone zu erlassen. Gleichzeitig wurde Heinrich Rau zum ständigen Vorsitzenden ernannt. Vollzugsorgan des Rates wurde das Sekretariat, das damit faktisch Funktionen einer Regierung ausübte. Hauptaufgaben der DWK waren die Wiederherstellung der Industriewirtschaft, die Koordination der Zentralverwaltungen und der Landesregierungen, termingemäße Durchführung der Reparationen, sowie die Sicherung der Bedürfnisse der Besatzungsstreitkräfte.[25]

Nach der Gründung der Deutschen Demokratischen Republik (DDR) am 7. Oktober 1949 wurde die DWK am 12. Oktober zur provisorischen Regierung der DDR umgewandelt. Gleichzeitig wurde die Hauptverwaltung Wirtschaftsplanung, die am 9. März 1948 aus der Zentralverwaltung Planung gebildet worden war, in Ministerium für

23 Hans Müller, Karl Reißig: Wirtschaftswunder DDR. Ein Beitrag zur Geschichte der ökonomischen Politik der Sozialistischen Einheitspartei Deutschlands. Berlin 1968, S. 42 ff.
24 Hans Müller, Karl Reißig: a.a.O., S. 70.
25 Werner Krause, a.a.O., S. 137.

Planung umbenannt. Als ein weiteres Jahr später, am 8. November 1950, das Gesetz über die Regierung der DDR erlassen wurde, erhielt das Ministerium für die Planung diejenige Bezeichnung, die auch in der Sowjetunion und den anderen osteuropäischen Ländern die oberste Planungsverwaltung charakterisiert: Staatliche Plankommission.

Die Staatliche Plankommission war jahrelang das oberste Organ der Wirtschaftsplanung und Verwaltung, dem sowohl die langfristige wie auch die kurzfristige Planung oblag. Im Rahmen der kurzfristigen Planung hatte sie bis zum Juli 1961 auch Weisungsbefugnisse gegenüber nachgeordneten Wirtschaftsverwaltungen. Im Juli 1961 wurden dann jedoch die für die Anleitung der Industrie zuständigen Hauptabteilungen aus der Staatlichen Plankommission ausgegliedert und im Volkswirtschaftsrat zusammengefaßt, der damit das oberste administrativ lenkende Organ der Industrie wurde. Die Aufgaben der Staatlichen Plankommission wurden auf reine Planung ohne Exekutivbefugnisse beschränkt. Im Zusammenhang mit dem Beginn der „zweiten Etappe" des Neuen Ökonomischen Systems der Planung und Leitung der Volkswirtschaft wurde der Volkswirtschaftsrat im Januar 1966 jedoch wieder aufgelöst und seine Hauptabteilungen zu Ministerien umgebildet.

Die Leitung der Staatlichen Plankommission lag bis zum Juli 1961 bei Bruno Leuschner, der die gleiche Funktion auch schon bei allen Vorläuferorganisationen ausübte und in dieser Eigenschaft 1. Stellvertreter Heinrich Raus in der DWK war. Vom Juli 1961 bis zum Januar 1963 übernahm Karl Mewis, vorher 1. Sekretär der SED-Bezirksleitung Rostock, die Leitung. Er wurde durch Erich Apel abgelöst, der zusammen mit Günter Mittag, dem Sekretär für Wirtschaft im Sekretariat des Zentralkomitees der SED, wesentlicher Wegbereiter des Neuen Ökonomischen Systems wurde. Seit dem Selbstmord Apels im Dezember 1965 wird die Staatliche Plankommission von seinem ehemaligen 1. Stellvertreter Gerhard Schürer geleitet.

Die Hauptaufgaben der Staatlichen Plankommission liegen in der langfristigen Bestimmung der Wirtschaftsentwicklung der DDR und in der kurzfristigen Abstimmung aller wirtschaftlichen Teilbereiche. Diese globale Aufgabenstellung bereitet in ihrer konkreten Abgrenzung allerdings erhebliche Schwierigkeiten. Anders ist es nicht zu erklären, daß die Staatliche Plankommission zwischen 1959 und 1973 achtmal ein neues Statut bzw. eine neue Festlegung ihrer Aufgaben erhielt.[26]

Die gegenwärtige Verwaltung der DDR-Wirtschaft zeigt folgende Grundstruktur:[27] An der Spitze stehen die zentralen Planungsbehörden des Ministerrates (1. Vorsitzender: Willi Stoph), der weniger ein politisches Führungsorgan als vielmehr ein administratives Leitungs-

26 1959, 1962, 1963 (Richtlinie zum NÖS), 1964, 1966, 1967, 1968 (Grundsatzregelungen), 1973.
27 Vgl. Schema auf S. 38.

Industrieverwaltung der DDR

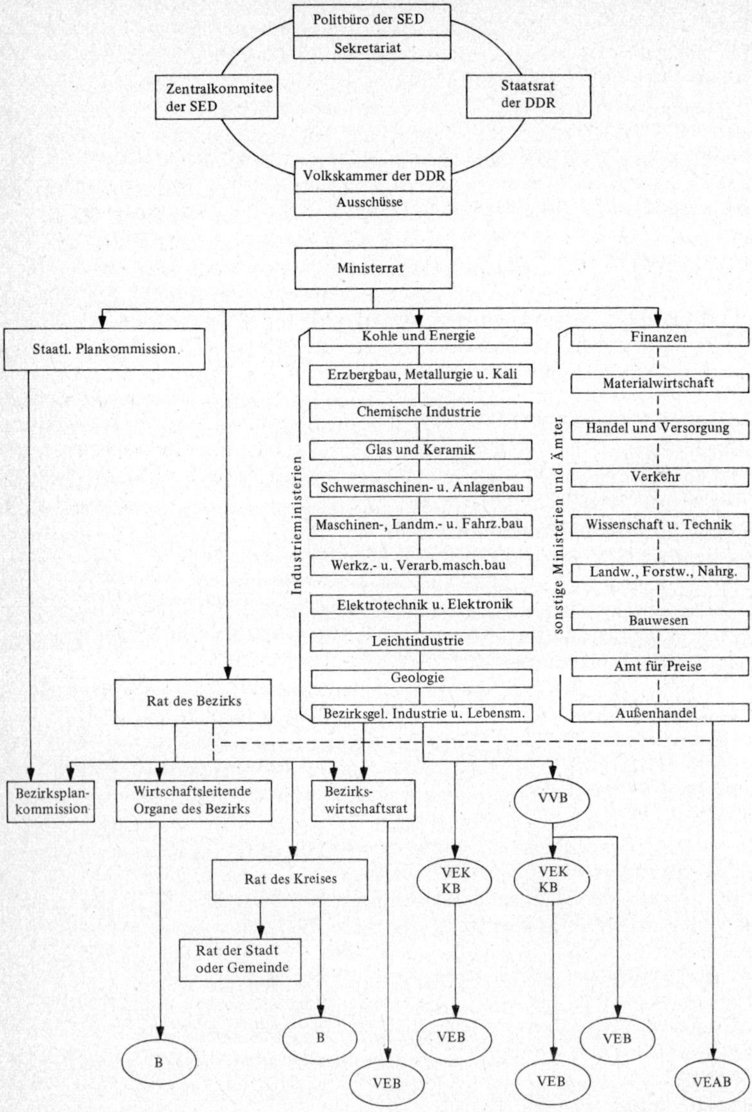

und Koordinationsorgan ist. Das bedeutet, daß politische Grundsatzentscheidungen in noch weit stärkerem Maße außerhalb der Regierung fallen als es in der Bundesrepublik üblich ist. Die wichtigsten Planungs-, Leitungs- und Kontrollorgane des Ministerrates für den Bereich der Wirtschaft sind: Die Staatliche Plankommission, die elf Industrieministerien (für Kohle und Energie; Erzbergbau, Metallurgie und Kali; Chemische Industrie, Glas- und Keramikindustrie: Schwermaschinen- und Anlagenbau; Maschinen-, Landmaschinen- und Fahrzeugbau; Werkzeug- und Verarbeitungsmaschinenbau; Elektrotechnik und Elektronik; Leichtindustrie; Geologie; Bezirksgeleitete Industrie und Lebensmittelindustrie), die Ministerien für Finanzen, Materialwirtschaft, Handel und Versorgung, Verkehr, Wissenschaft und Technik, Land-, Forst- und Nahrungsgüterwirtschaft, Bauwesen, Außenhandel sowie das Amt für Preise, die Staatsbank der DDR, die Staatliche Zentralverwaltung für Statistik und eine Reihe weiterer staatlicher Ämter oder Komitees für Spezialgebiete. Alle diese Institutionen sind untereinander formal gleichrangig, auch wenn im Hinblick auf ihre Aufgaben ganz bestimmte Abhängigkeiten und Verpflichtungen bestehen. Bei Meinungsverschiedenheiten, die nicht untereinander beigelegt werden können, muß die Entscheidung im Ministerrat herbeigeführt werden – ein Verfahren, wie es in jeder Regierung üblich ist.

Unterhalb der Ebene der zentralen Planungs- und Leitungsbehörden stehen die mittleren Wirtschaftsverwaltungen. Die Organisationsformen unterscheiden sich dabei zwischen den einzelnen Wirtschaftsbereichen bzw. Ministerien. Betrachtet man einmal speziell die Verwaltung der Industrie als den wichtigsten Wirtschaftsbereich der DDR, so findet man hier zwei unterschiedliche Organisationsprinzipien: die branchenmäßige Zusammenfassung der größten und wichtigsten Betriebe in den Vereinigungen Volkseigener Betriebe (VVB)[28] oder Volkseigenen Kombinaten und die regionale Zusammenfassung der übrigen Betriebe unter die Wirtschaftsräte derjenigen der 15 DDR-Bezirke, in denen sie liegen. Während die VVB seit dem Neuen Ökonomischen System (NÖS) aus der Staatsverwaltung ausgegliedert wurden und nun rechtlich und wirtschaftlich selbständige Einheiten sind, die allerdings immer noch einige quasi-staatliche Funktionen wahrnehmen müssen, sind die Wirtschaftsräte der Bezirke (Bezirkswirtschaftsräte – BWR) reine Verwaltungen, Teile der Bezirksverwaltungen, die in fachlicher Hinsicht jedoch nach dem Prinzip der doppelten Unterstellung gleichzeitig dem Ministerium für bezirksgeleitete Industrie und Lebensmittelindustrie unterstellt sind.

Neben diesem Grundschema der Industrieorganisation gibt es jetzt eine Reihe von Abweichungen. So sind einzelne Großbetriebe beispielsweise direkt den Ministerien unterstellt. Das gleiche gilt auch für Betriebszusammenschlüsse in Form von Kombinaten, die aber auch

28 Beispiele: VVB Stahl- und Walzwerke; VVB Chemiefaser und Fotochemie; VVB Schiffbau; VVB Büromaschinen; VVB Keramik, VVB Tabakindustrie.

VVB's zugeordnet sein können. Andererseits gibt es auch im bezirklichen Bereich verschiedentlich VVB's, in denen die Wirtschaftsräte der Bezirke gleichartige Betriebe zusammengefaßt haben. Zu den Aufgaben der Wirtschaftsräte der Bezirke gehört außerdem noch die Überwachung und Anleitung der entsprechenden wirtschaftlichen Fachverwaltungen bei den Räten der Kreise. Im übrigen sind die Organisationsformen dieses Bereichs ohnehin einem ständigen Wandel unterworfen.

Die unterste Ebene des DDR-Industriesystems bilden die Betriebe. Sie sind juristisch und wirtschaftlich selbständig. Das bedeutet, daß auch die VEB – ob zentral oder bezirklich geleitet – juristische Personen sind, die durch den Direktor als Organ des VEB verpflichtet werden können, eigene finanzielle und sachliche Mittel haben und darüber im Rahmen der Gesetze und insbesondere der Pläne verfügen können und ihre Mittel selbständig bilanzieren. Das gilt allerdings nur für Volkseigene Betriebe und Volkseigene Kombinate (VEB), es gilt nicht für Kombinatsbetriebe. Die Zusammenfassung Volkseigener Betriebe zu Volkseigenen Kombinaten begann in größerem Maßstab 1968/69, d.h. in der Endphase des Reformexperiments des Neuen Ökonomischen Systems, wurde 1977/78 verstärkt fortgesetzt und führte Ende 1979 Anfang 1980 praktisch zur vollständigen Ersetzung der VVB durch Kombinate.

Als Folge dieser Entwicklung (und als Folge der Verstaatlichung der privaten und halbstaatlichen Betriebe Anfang 1972) ging die Anzahl der Industriebetriebe zwischen 1968 und 1977 um über 55 % auf 6.480 zurück[29]. Die in die Kombinate eingegliederten Betriebe haben ihre rechtliche Selbständigkeit verloren. Ihre wirtschaftliche Tätigkeit erfolgt nach den Weisungen des Generaldirektors des Kombinats, dem unmittelbaren Vorgesetzten des Betriebsdirektors des Kombinatsbetriebs. Nach außen tritt der Kombinatsbetrieb als Teil und im Namen des Kombinats auf. Im übrigen wird der Rahmen der Selbständigkeit von Volkseigenen Betrieben und Kombinaten durch die Gesetze[30], insbesondere durch die Gesetze zum jährlichen Volkswirtschaftsplan, bestimmt.

c) Die Wirtschaftspläne und ihr Zustandekommen

Die wirtschaftliche Tätigkeit der genannten Bereiche und besonders der Betriebe wird in der sozialistischen Planwirtschaft der DDR durch staatliche Pläne, an deren Zustandekommen daher auch zwangsläufig alle Bereiche beteiligt sind, koordiniert. Dabei unterscheidet man je nach dem Zeitraum, den die Pläne decken sollen, zwischen mittelfristigen Perspektiv-Plänen und kurzfristigen Operativ-Plänen.

29 Statistisches Jahrbuch 1978, a.a.O., S. 111.
30 Verordnung über die Aufgaben, Rechte und Pflichten der volkseigenen Betriebe, Kombinate und VVB vom 28. März 1973. Gesetzblatt der DDR, Teil I, S. 120.

Die Perspektivpläne, die zumeist einen Abschnitt von 5 oder 7 Jahren betreffen, haben die Aufgabe, die zukünftige Struktur der Volkswirtschaft vorherzubestimmen und die Wege und Maßnahmen aufzuzeigen, die erforderlich sind, um die für notwendig gehaltene Struktur zu erreichen. Darin liegt auch die Bedeutung für und der Zusammenhang mit der operativen Jahresplanung: Sie geben die Grundlagen für die Ausarbeitung der Jahrespläne her, denn was insbesondere im Produktionsmittelbereich im Rahmen der Jahresplanung zur Produktion vorgesehen ist, wird langfristig die Wirtschaftsstruktur bestimmen.

In der Wirtschaftsgeschichte der DDR gab es bisher folgende mittelfristigen Pläne:

1. Zweijahresplan 1949–50: Seine Hauptziele waren die Wiederherstellung der kriegszerstörten und demontierten Produktionsanlagen sowie die Sicherung der Reparationen aus der laufenden Produktion. Er soll für 1950 ein industrielles Produktionsvolumen von 110,7 Prozent des Standes von 1936 gebracht haben. Die besondere Bedeutung des Zweijahresplans lag aber darin, daß es sich bei ihm um den ersten umfassenden Wirtschaftsplan für das Gesamtgebiet der SBZ/DDR handelte. Alle vorhergehenden Pläne hatten entweder nur regionale Bedeutung oder bezogen sich, wie der Plan der DWK für die zweite Hälfte 1948, nur auf Teilbereiche der Gesamtwirtschaft (1948: Grundstoffindustrie).
2. 1. Fünfjahresplan 1951 – 1955: Schwerpunkt dieses Planes waren die umfangreichen Bemühungen zum Ausgleich der durch die Teilung Deutschlands schwer in Mitleidenschaft gezogenen Wirtschaftsstruktur. Investitionsschwerpunkt: Eisenhüttenkombinat Ost in Eisenhüttenstadt (früher Stalinstadt) an der Oder.
3. 2. Fünfjahresplan 1956 – 60: Dieser Plan sollte die Maßnahmen des ersten Plans fortführen. Er stand zudem im Zeichen verstärkter Bemühungen um wirtschaftliche Zusammenarbeit zwischen den Staaten Osteuropas. Im Zusammenhang mit dem Abbruch des 6. Fünf-Jahresplans der Sowjetunion wurde auch der 2. Fünfjahresplan der DDR, der nach wiederholt korrigierten Entwürfen erst 1958 als Plangesetz verabschiedet worden war, Anfang 1959 abgebrochen und durch den Siebenjahresplan für die Jahre 1959 – 1965 ersetzt.
4. Siebenjahrplan 1959 – 65: Parallel zum Siebenjahrplan der Sowjetunion wurde auch in der DDR ein langfristiger Plan über 7 Jahre ausgearbeitet. Sein auf dem V. Parteitag der SED von Walter Ulbricht verkündetes Hauptziel, die „ökonomische Hauptaufgabe“ war, Westdeutschland im Verbrauch mit allen wichtigen Lebensmitteln und Konsumgütern bis 1961 zu übertreffen[31]. Dieses Ziel wurde

31 Walter Ulbricht, Der Kampf um den Frieden, für den Sieg des Sozialismus, für die nationale Wiedergeburt Deutschlands als friedliebender demokratischer Staat. Referat und Schlußwort auf dem V. Parteitag der Sozialistischen Einheitspartei Deutschlands, Berlin 10. bis 16. Juli 1958. Berlin 1958, S. 45f.

genau so wenig erreicht wie ein anderes, die sog. „Störfreimachung", das heißt der Versuch, sich von den Zulieferungen aus Westdeutschland unabhängig zu machen. Produktionsmäßig war der Siebenjahrplan im Jahre 1961 bereits völlig gescheitert. 1963 wurde er auch formal abgebrochen.

5. Perspektiven 1964 – 70: Auf dem VI. Parteitag der SED gab Walter Ulbricht die Produktionsziele für 1970 bekannt. Der Plan wurde jedoch nie formal verabschiedet. Trotz Überwindung der Krise der Jahre 1961 – 63 waren auch die Produktionsergebnisse der Jahre 1964 und 1965 zu niedrig, um die von Ulbricht für 1970 genannten Ziele noch zu erreichen.
6. Perspektivplan 1966 – 70: Der 1963 genannte Plan wurde fallengelassen und durch einen neuen und weit realistischeren Plan für 1966 – 70 ersetzt. Dieser Plan, der mit der Durchführung wirtschaftlicher Reformmaßnahmen parallel lief, wurde durch die Jahresplanung weitgehend realisiert und in der Produktionsentwicklung eingehalten.
7. Fünfjahresplan 1971 – 75: Die Ausarbeitung dieses Plans wurde durch die Konzeptionsänderung in der Endphase des Neuen ökonomischen Systems („strukturbestimmende Planung"), die Disproportionen und Entwicklungsstörungen im Jahre 1970, den Abbruch des NÖS Ende 1970 und den politischen Wechsel von Ulbricht zu Honecker erheblich behindert und daher erst zum Jahresende 1971 verabschiedet. Die Verwirklichung dieses Plans, der in erster Linie der Überwindung der 1969/70 aufgetretenen Disproportionen dienen sollte, wurde durch die Rohstoffpreis-Entwicklung und die damit verbundene wesentliche Verschlechterung der außenwirtschaftlichen Situation nach 1974 beeinträchtigt.
8. Fünfjahrplan 1976 – 80: Die außenwirtschaftliche Situation und das sozialpolitische Programm der SED bestimmten die Schwerpunkte des laufenden Fünfjahrplans: Steigerung der Exporte, Investitionen bevorzugt zur Senkung des Energie- und Rohstoffbedarfs, stagnierende Arbeitskräfteentwicklung, Urlaubsverlängerung und ein umfangreiches Wohnungsbauprogramm kennzeichnen den Plan. Die Verwirklichung gelingt nur durch erheblich zunehmende (West-) Auslandsverschuldung und westdeutsche Sonderzahlungen.
9. Fünfjahrplan 1981 – 85: befindet sich im Stadium der Ausarbeitung.

Die Perspektivpläne sind die Grundlage für die Ausarbeitung der Jahrespläne. Während jene aber im wesentlichen in den zentralen Planungs- und Verwaltungsbehörden ausgearbeitet werden, sind an der Aufstellung der Jahrespläne alle Bereiche der Wirtschaft, insbesondere die Betriebe beteiligt.

Grundlage der Ausarbeitung des jährlichen Volkswirtschaftsplanes soll auf allen Ebenen des Wirtschaftsapparates der mittelfristige Fünfjahrplan sein. Aus ihm leitet die Staatliche Plankommission die „staatlichen Aufgaben", d.h. Produktions- und Leistungsanforderungen an alle Bereiche der Volkswirtschaft, ab. Diese Plananforderungen werden an die jeweiligen Ministerien geleitet und von diesen auf die ihnen unterstellten Vereinigungen Volkseigener Betriebe, Volkseigenen Kombinate und Bezirkswirtschaftsräte aufgeteilt. Diese wiederum schlüsseln die Anforderungen auf die zu ihnen gehörenden oder ihnen unterstellten Betriebe auf. Gleichzeitig haben auch die Betriebe, ausgehend von den Planzielen des Fünfjahrplanes, Planangebote ausgearbeitet. Staatliche Plananforderungen und betriebliche Planangebote müssen jetzt in Übereinstimmung gebracht werden. Das geschieht in intensiven Verhandlungen mit den vorgesetzten Instanzen. Ist es zu einer Einigung gekommen, werden die vereinbarten Pläne an die VVB bzw. BWR geleitet, dort branchenmäßig oder regional zusammengefaßt und an die zuständigen Hauptabteilungen der Ministerien zurückgegeben. Die Ministerien stimmen die Pläne mit Hilfe der Staatlichen Plankommission miteinander, mit dem Finanzministerium, den Bankorganen und den übrigen zentralen Behörden ab (gesamtwirtschaftliche Bilanzierung). Aus allen zusammen wird dann der Jahresvolkswirtschaftsplan zusammengestellt und an den Ministerrat geleitet. Dort wird er genehmigt und zur Verabschiedung an den Staatsrat und die Volkskammer eingereicht – nachdem die zuständigen Parteiorgane ihn geprüft und gebilligt hatten. In den gesetzgebenden Organen wird der Plan dann als Gesetz verabschiedet. Anschließend wird der Plan wieder regional und branchenmäßig aufgeschlüsselt und die jeweiligen Kennziffern als staatliche Planauflage für das kommende Planjahr an mittlere Wirtschaftsverwaltungen und Betriebe herausgegeben.

In den Betrieben besteht der betriebliche Teil des Volkswirtschaftsplans aus einer Fülle von Teilplänen, die alle zusammen den Betriebsplan bilden. Die wichtigsten Teilpläne sind: Der Produktionsplan, der Materialversorgungsplan, der Investitionsplan, der Arbeits- und Lohnplan, der Kultur- und Sozialplan und der Finanzplan. Die Hauptaufgabe der Betriebe besteht darin, zunächst solche Pläne auszuarbeiten, die zu einer vollen Entfaltung der betrieblichen Leistungsfähigkeit führen und dann diese Pläne auch tatsächlich zu erfüllen oder gar überzuerfüllen. Da in vielen Bereichen Planübererfüllung nur möglich und gesamtwirtschaftlich auch nur sinnvoll ist, wenn sie mit Zulieferbetrieben und Abnehmern abgestimmt werden kann, versuchte man seit 1972 die zusätzlichen Verpflichtungen der Betriebe zu Mehrleistungen in sogenannten Gegenplänen (die eigentlich besser Zusatzpläne oder Ergänzungspläne heißen müssen) zu erfassen. Sie wurden damit kontrollierbarer und gesamtwirtschaftlich bilanzierbar. Das bedeutet, daß die zusätzlichen Produkte gleich in die Verwendungsplanung einbezogen werden können. In der Praxis hat die Methode der Gegenplanung nach einigen Anfangserfolgen dazu geführt, daß die Betriebe bei der Ausarbeitung ihrer Planangebote die Notwendigkeit eines Gegenplanes von vornherein berücksichtigen und einen entsprechenden Spielraum dafür sichern. In jedem Fall hängt von der Erfüllung des Plans einschließlich des – inzwischen wieder abgeschafften – Gegenplans die Bewertung der betrieblichen Arbeit, der Fähigkeit des Betriebsdirektors und seiner leitenden Mitarbeiter und nicht zuletzt die materielle Belohnung der Betriebe und der Belegschaft durch Gewinnenateile und Prämien ab.

Dazu ist es selbstverständlich erforderlich, die Pläne und die Planerfüllung sorgfältig zu kontrollieren. Das geschieht im Rahmen der Industrieverwaltung durch die Kontroll- und Revisionsabteilungen, durch den Bankenapparat, das Finanzsystem, das Vertragssystem und die Vertragsgerichte, durch die Arbeiter- und Bauerninspektion, die Massenorganisationen im Betrieb (Betriebsparteiorganisation und Betriebsgewerkschaftsleitung) und im äußersten Fall durch die Staatsanwaltschaft.

Letzteres hängt damit zusammen, daß es sich bei den Volkswirtschaftsplänen der DDR nicht um verhältnismäßig unverbindliche Prognosen der möglichen Wirtschaftsentwicklung handelt, sondern um Gesetze im Sinne von Rechtsnormen, welche die wirtschaftliche Entwicklung so genau wie möglich vorherbestimmen sollen und deren Befolgung Pflicht eines jeden ist. Die Verletzung dieser Pflicht kann daher durchaus strafrechtliche Folgen haben.

4. Die Probleme der sozialistischen Planwirtschaft und die Wirtschaftsreformen.

a) Hauptprobleme

Die ständigen Veränderungen im Apparat der Planungsorgane sowie im Verfahren der Wirtschaftsplanung, die die ganze Entwicklung der DDR-Planwirtschaft charakterisieren, haben sich im vergangenen Jahrzehnt beträchtlich intensiviert. Mit der im Sommer 1963 eingeleiteten Wirtschaftsreform, dem „Neuen ökonomischen System der Planung und Leitung der Volkswirtschaft“ (NÖSPL oder NÖS), hat die DDR als erstes osteuropäisches Land begrenzte Konsequenzen aus der sowjetischen Liberman-Diskussion vom Herbst 1962 gezogen[32]. Das ist insofern nicht verwunderlich, als die Wachstums- und Entwicklungsprobleme der sozialistischen Planwirtschaft in der DDR als der produktionsmäßig differenziertesten und industrialisiertesten Volkswirtschaft Osteuropas besonders hemmend empfunden werden mußten.

Um diese Entwicklung zu verstehen, muß man sich nur einmal die wichtigsten Probleme vergegenwärtigen, mit denen sich die Planwirtschaft der DDR auseinanderzusetzen hat. Sie treten in allen Bereichen der Planung und Verwaltung, in Besonderheit aber im Bereich der Zielauswahl, der Planung und der Leitung der Betriebe auf.

32 Gert Leptin, Das „Neue ökonomische System“ Mitteldeutschlands. In: Wirtschaftsreformen in Osteuropa, Köln 1968, S. 100 – 130.

Die Festlegung der gesamtwirtschaftlichen Ziele obliegt den politischen Führungsinstanzen: Sie wählen aus, was im kommenden Planjahr hergestellt werden soll. Sie sind dabei sowohl von der vorgegebenen Produktionsstruktur wie von der Struktur des Grundbedarfs der Bevölkerung abhängig. In diesen Grenzen sind sie aber verhältnismäßig frei und es ist ihnen überlassen, wie sie das Verhältnis der Befriedigung primär staatlicher Ziele („Gemeinschaftsaufgaben“: Infrastruktur, Bildungsausgaben, Rüstung) und der Befriedigung individueller Ziele, das heißt der Konsumentenbedürfnisse, festlegen[33]. Für die Vergangenheit bedeutete das, daß die Befriedigung der individuellen Konsumbedürfnisse ständig hinter dem gesamtwirtschaftlichen Wachstumsziel zurückzutreten hatte. In dem Maße jedoch, in dem es wegen der zunehmenden Komplexität der Wirtschaft mehr auf die aktive und bewußte Mitarbeit aller ankommt, in dem gleichen Maße muß auf die Wünsche und Bedürfnisse der Bevölkerung Rücksicht genommen werden. Die stärkere Berücksichtigung der Konsuminteressen der Bevölkerung nach dem Machtwechsel von Ulbricht zu Honecker (Sozialpolitisches Programm, Wohnungsbauprogramm bis 1990) ist daher nicht nur führungspolitisch bedingt, sondern im wesentlichen entwicklungspolitisch. Auch unter Ulbricht wären ähnliche Strukturentscheidungen zu erwarten gewesen. In jedem Fall wird der Entscheidungsspielraum der politischen Führung eingeengt, die Gefahr ökonomisch-politischer Fehlentscheidungen mit allen sich daraus ergebenden wirtschaftlichen und politischen Konsequenzen wächst ständig.

Im Bereich der Planung im engeren Sinne, in dem es um die Verteilung der vorhandenen Ressourcen auf die ausgewählten Ziele geht, machen sich eine ganze Fülle von Problemen bemerkbar. Da sind zunächst die Spezialprobleme, die planungstechnischen Schwierigkeiten, die hier nur kurz skizziert werden können. Dazu gehören insbesondere:

a das Zeitproblem der Planung: je komplizierter die Planung, desto größer der erforderliche Zeitaufwand, desto veralteter die Planungsunterlagen (Produktionsergebnisse 1979 als Grundlage für den Plan 1981);

b das Verhältnis von Branchen- und Regionalplanung (Komplexplanung): die unterschiedliche organisatorische Unterstellung der Betriebe erschwert die notwendige Zusammenarbeit (der zentralgeleiteten VEB mit den örtlichen Organen, der bezirksgeleiteten Betriebe mit den Branchen);

c Produktionsdifferenzierung und Materialbilanzen: Die Differenzierung der Produktion, die Zahl der Erzeugnisse, nimmt schneller zu, als die Fähigkeit des Planungsapparates, naturale Materialbilanzen, das heißt Gegenüberstellungen geplanter Produktionen und geplan-

33 Wie weit diese Fragen wirklich von den politischen Gremien entschieden werden oder durch die Planungsbürokratie, welche die Entscheidungen durch entsprechende Planalternativen vorbereiten muß, ist leider nicht feststellbar.

ter Verwendungen einzelner Güter im Mengenausdruck aufzustellen und miteinander zu verbinden. Der Ausgleich der Bilanzen wird dadurch immer schwieriger;

d Mengen- und Wertplanung: der abnehmende Anteil der naturalen Materialbilanzen an der Zahl der erzeugten Güter[34] läßt die Bedeutung der aggregierten, mehrere Erzeugnisse ähnlicher Art zusammenfassenden Globalpositionen ansteigen. Die Zusammenfassung ist aber nur über Preise möglich, so daß das Problem der Abstimmung von Mengen- und Wertplanung und damit auch die Fragen der Preisbildung bzw. Preisplanung immer schwieriger lösbar werden.

Alle diese Fragen hängen mit zwei Hauptproblemen zusammen, die ständig an Bedeutung gewinnen: dem Interdependenzproblem und dem Problem der Festlegung der zukünftigen Wirtschaftsstruktur. Der Begriff Interdependenz weist auf den allseitigen Zusammenhang hin, der für den wirtschaftlichen Bereich charakteristisch ist. Isolierte Entwicklungen gibt es nicht. Eingriffe an der einen oder anderen Stelle mit bestimmten Zielsetzungen vorgenommen, haben mit Sicherheit an anderen Stellen Auswirkungen, mit denen keiner rechnete und die in vielen Fällen so unerwünscht sind, daß sie wieder zu Ausgangspunkten neuer Eingriffe werden. Auch hier wirkt der Produktionsdifferenzierungsprozeß verschärfend.

Die Festlegung der zukünftigen Wirtschaftsstruktur ist die Hauptaufgabe der langfristigen Planung. Die hierin liegende Aufgabe, nämlich die Vorhersage, welche Wirtschaftszweige und damit welche Wirtschaftsstruktur in fünf, sieben oder zehn Jahren „hocheffektiv", das heißt weltwirtschaftlich konkurrenzfähig sein wird, muß man wegen der unübersehbaren Fülle von Beeinflussungsfaktoren für praktisch unlösbar halten. Die Antwort hängt ja nicht nur von den eigenen Bemühungen und der Einschätzung ihrer Erfolgsaussichten ab, sondern ebenso sehr von den Entwicklungen in allen konkurrierenden Volkswirtschaften, die sich sehr weitgehend der Einsicht und völlig der Beeinflußbarkeit entziehen. Es gibt also auch für die sozialistischen Planwirtschaften nur die gleiche Möglichkeit des vorsichtigen Herantastens an die zukünftige Struktur, wie sie auch in der Bundesrepublik besteht. Die sich hieraus ergebende Notwendigkeit, die Anpassungsfähigkeit der Wirtschaft zu erhöhen, ist in der DDR zwar erkannt, hat aber – wenn man von den intensiven Bemühungen im Bildungswesen absieht – sonst noch keine konkreten Auswirkungen gehabt. In der mangelnden Anpassungsfähigkeit an veränderte Entwicklungsbedingungen

34 Die Gesamtzahl der innerhalb der Volkswirtschaft erzeugten oder importierten Güter wurde vom Stellvertretenden Vorsitzenden des Staatlichen Plankomitees der KPdSU mit „. . . über ein Dutzend Millionen. . ." angegeben (Pravda vom 21. Mai 1979). Der neue 300-bändige „Zentrale Artikel Katalog" der DDR enthält sogar etwa 100 Millionen verschiedene Artikel. Die Wirtschaft Nr. 6/1979 vom 14. Juni 1979, S. 7

muß vielmehr gerade das Hauptproblem der Planwirtschaften im allgemeinen und der Planwirtschaft der hochindustrialisierten DDR im besonderen gesehen werden. Ein besonders deutliches Beispiel dafür sind die Schwierigkeiten der DDR, mit den „veränderten außenwirtschaftlichen Bedingungen", d.h. den verschlechterten Außenhandelspreisen nach den Rohstoffpreiserhöhungen nach 1974 fertig zu werden.

Am unmittelbarsten und deutlichsten wirkten sich die Probleme der betrieblichen Leistung, genauer gesagt, der Einfügung der Betriebe in das System staatlicher Pläne, auf die wirtschaftliche Entwicklung aus. Zu diesem Zweck bediente man sich in allen sozialistischen Planwirtschaften der sogenannten Kennziffern, das sind quantitativ umrissene Leistungsanforderungen des Staates an den Betrieb. So gab es beispielsweise Produktionskennziffern („industrielle Bruttoproduktion" in 1000 M), Absatzkennziffern („realisierte Warenproduktion in 1000 M), Kostenkennziffern („Kosten je 1000 M Bruttoproduktion" in M; „Selbstkostensenkung" in v.H.), Materialverbrauchskennziffern, Arbeitseinsatzkennziffern, Erfolgskennziffern usw. Bei der Ausarbeitung des Betriebsplans mußte der Betrieb diese Kennziffern in seinen verschiedenen Teilplänen berücksichtigen. Sie bestimmten damit die Tätigkeit des Betriebes. Gleichzeitig dienten sie aber auch zur Bewertung seiner Tätigkeit, denn die Leistung des Betriebes wurde an der Einhaltung, Erfüllung oder Überbietung der Kennziffern gemessen. Das hatte zur Folge, daß der Betrieb sich bei der Aufstellung des Plans darum bemühte, möglichst einfach zu erfüllende Kennziffern zu bekommen, das heißt er bemühte sich um einen „weichen" Betriebsplan. Das Streben nach „weichen" Plänen widerspricht aber direkt der Entfaltung aller betrieblichen Leistungsreserven, der Erhöhung der Arbeitsproduktivität und damit dem wirtschaftlichen Wachstum.

Wie schon deutlich wurde, haben einige dieser ökonomischen Probleme der sozialistischen Planwirtschaft eine bedeutungsvolle politische oder ideologische Komponente. So ist es sicher von großer politischer Bedeutung, wenn man zu dem Ergebnis kommt, daß die zukünftige Wirtschaftsentwicklung im zunehmenden Maße von der stärkeren Berücksichtigung der Wünsche und Bedürfnisse der Bevölkerung abhängt und daß man sie daher möglicherweise stärker an der politisch-ökonomischen Willensbildung beteiligen müßte. Die Pseudo-Mitwirkungsrechte in Produktionskomitees, ständigen Produktionsberatungen, Gesellschaftlichen Räten usw., die nur Verantwortlichkeit wekken sollen, aber keine echten Rechte darstellen, erweisen sich zunehmend als unzureichend. Von erheblicher ideologischer Bedeutung ist dagegen, daß alle Reformversuche, alle Maßnahmen zur Verbesserung der betrieblichen Arbeit getreu dem Grundsatz Libermans: „Was der Gesellschaft nützt, muß auch für die Betriebe und Belegschaften von Nutzen sein", auf die „materielle Interessiertheit", die einkommenswirksamen Anreize, kurz auf den Eigennutz abgestellt sind. Die Entwicklung des sozialistischen Bewußtseins, die Arbeit zum Wohle der

Gesellschaft als erstes Lebensbedürfnis, wie es das Parteiprogramm der KPdSU von 1961 für die kommunistische Gesellschaft als unabdingbare Voraussetzung erklärt[35], spielt in dieser Phase der gesellschaftlichen Entwicklung offenbar noch keine Rolle. Ob man dieses gesellschaftliche Bewußtsein aber dadurch erreicht, daß man jetzt so massiv auf materielle Anreize vertraut, erscheint zumindest fragwürdig.

b) Die mißlungene Reform[36]

Ähnlich wie die anderen Planwirtschaften Osteuropas hat auch die DDR nach einigen krisenhaften Jahren (1961 – 1963) mit dem 1963 angekündigten und ab 1964 eingeführten „Neuen ökonomischen System der Planung und Leitung der Volkswirtschaft" (NÖS) den Versuch einer umfassenden Überwindung einer ganzen Reihe von System- und Entwicklungsproblemen gemacht. Dieser Versuch ist jedoch trotz einiger in seinem Verlauf eingeführten Verbesserungen insgesamt mißlungen und in zwei Etappen Anfang 1968 und Ende 1970 abgebrochen worden.

Das Wesen der Reform des Neuen ökonomischen Systems sollte die „organische Verbindung der zentralen staatlichen Planung mit der eigenverantwortlichen Leitung der Betriebe" sein. Im Mittelpunkt seiner organisatorischen Regelungen stand das „. . . in sich geschlossene System ökonomischer Hebel", durch das staatliche Planung und betriebliche Tätigkeit miteinander in Übereinstimmung gebracht werden sollten. Dabei verstand man unter ökonomischen Hebeln „. . . gesetzmäßige Beziehungen zwischen den (von der Partei- und Staatsführung zu definierenden und in Plänen fixierten – G.L.) objektiven gesellschaftlichen Erfordernissen und den materiellen Interessen der Menschen . . ., die durch ihre jeweilige Gestaltung die Werktätigen zu einem bestimmten (von den staatlichen Plänen gewollten – G.L.) wirtschaftlichen Verhalten anregen."[37] Preise und Preisrelationen, Löhne und Prämien sowie die daraus abgeleiteten Größen (Kosten, Erträge, Gewinne, Rentabilität usw.) sollten dazu zu den wichtigsten, indirekt wirkenden Instrumenten zur Durchsetzung der staatlichen Pläne werden. Dieses Konzept scheiterte, weil es zum einen nicht ge-

35 Programm und Statut der Kommunistischen Partei der Sowjetunion. Angenommen auf dem XXII. Parteitag der KPdSU 17. bis 31. Oktober 1961, Berlin 1961, S. 59.

36 Vgl. hierzu u.a.: Gert Leptin, Bilanz der Wirtschaftsrefom in der DDR. In: Die Wirtschaftsordnungen Osteuropas im Wandel. Ergebnisse und Probleme der Wirtschaftsreformen. Band I, Länderberichte: Ausmaß und Bedeutung der institutionellen Veränderungen. Herausgeber: Hans-Hermann Höhmann, Michael C. Kaser, Karl C. Thalheim. Freiburg 1972, S. 65 – 108.
Gert Leptin und Manfred Melzer, Economic Reform in East German Industry, Oxford/London/New York 1978, 200 S.

37 Richtlinie für das neue ökonomische System der Planung und Leitung der Volkswirtschaft vom 11. Juli 1963, Gesetzblatt der DDR, Teil II, Nr. 64/1963, S. 468.

lang, das immer wieder geforderte, „in sich geschlossene", d.h. widerspruchsfreie System aus den verschiedenen ökonomischen Hebeln zu bilden und zum anderen, weil insgesamt die verschiedenen staatlichen Lenkungsbehörden das verfügbare Instrumentarium nicht so flexibel zu handhaben vermochten, daß die Entwicklung der Wirtschaft den staatlichen Vorstellungen entsprach. Das Scheitern der indirekten staatlichen Lenkung zeigte sich zuerst in der Investitionsentwicklung und zwang dort schon 1968 zur Rücknahme der Reform (direkte staatliche Lenkung der sogenannten „strukturbestimmenden Erzeugnisse"). Die daraus resultierenden Disproportionen zwischen der Entwicklung „strukturbestimmender" Bereiche und „Zuliefer-Industrien" führte dann Ende 1970 zum endgültigen Abbruch des Neuen ökonomischen Systems, das im Zusammenhang mit der Korrektur von 1968 bereits in „Ökonomisches System des Sozialismus" umbenannt worden war[38].

Das behauptete Scheitern der Reform läßt sich aber nicht nur aus dieser so dargestellten Entwicklung begründen, sondern mehr noch aus einer Gegenüberstellung der Fehler und Mängel des Systems, die in der der Richtlinie zum NÖS angefügten „Kritischen Einschätzung der bisherigen Praxis der Planung und Leitung der Volkswirtschaft"[39] die seinerzeit als Begründung der Reform dienen sollte, enthalten waren, mit entsprechenden Äußerungen und Urteilen nach Abbruch der Reform Ende 1970[40]. Für „. . . Reibungsverluste und Verletzung der ökonomischen Gesetze . . ." wurden 1963 und 1974 gleichermaßen verantwortlich gemacht:

a das Festhalten der Betriebe an veralteten Erzeugnissen, die aufgrund des Festpreis-Systems rentabler als neue Produkte sind (1963) bzw. die Konservierung der Produktion „. . . veralteter Erzeugnisse . . . weil damit nach der gegenwärtigen Leistungsbewertung die Plankennziffern am besten erfüllt werden können" (1974).
b das ungenügende Interesse der Betriebe (aufgrund des Systems der Leistungskennziffern) und der Arbeiter (aufgrund des Lohnsystems) an Qualitätsverbesserungen (1963) bzw. die Tatsache, daß „. . .quantitative Wachstumsraten den Vorrang bei der Planung der betrieblichen Leistung und Abrechnung haben" und daß für eine einheitliche Planung von Menge und Qualität brauchbare Methoden noch zu entwickeln seien (1974).
c die einseitige Ausrichtung der Betriebe auf die Jahresplanung mit den unerwünschten Folgen des Strebens nach „weichen" Plänen sowie Diskontinuitäten im Wirtschaftsablauf, als Folge einer wissen-

38 Beschluß über die Durchführung des ökonomischen Systems des Sozialismus im Jahre 1971. Vom 1. Dezember 1970. Gesetzblatt der DDR, Teil II, Nr. 100/1970, S. 732.
39 Richtlinie . . . a.a.O., S. 481 – 484.
40 Ina Grüning, Eckhard Ladwig: Zur Diskussion über die Vervollkommnung der Planung. In: Die Wirtschaft Nr. 31 vom 5. Juli 1974, S. 10 – 12.

schaftlich nicht ausreichend begründeten Perspektiv-(Fünfjahr-)Planung (1963) bzw. die Notwendigkeit, die entscheidenden Aufgaben der Volkswirtschaft und der Betriebe für einen längeren Zeitraum als ein Jahr zu planen und dem Fünfjahrplan eine höhere Bedeutung zuzumessen. Dabei wird jedoch gleichzeitig darauf hingewiesen, daß es über Art und Weise der Verknüpfung von Fünfjahrplan und Jahresplänen nur wenig Hinweise gäbe und „. . . fundiertere Kenntnisse über die Planung für die verschiedenen Zeiträume (noch) erarbeitet werden müssen" (1974).

Diese Aufzählung könnte ohne Schwierigkeit noch durch viele Beispiele erweitert werden. Eine zusammenfassende Charakterisierung dieser Probleme auf gesamtwirtschaftlicher Ebene gibt die Festellung: „Die Notwendigkeit, überall in der Volkswirtschaft die Leistung und die Effektivität zu erhöhen, ist unbestritten. Keineswegs so eindeutig offenbaren sich indes die Möglichkeiten, Leistung und Effektivität zu planen, zu messen und zu bewerten." Auf betrieblicher Ebene besteht das gleiche Problem darin, daß „. . . materielle Planaufgaben der Betriebe und ökonomische Hebel noch nicht immer gleich gerichtet auf die Realisierung der Hauptaufgabe des Fünfjahrplans wirken." Daraus ergibt sich für die Betriebe ein zentraler Konflikt: „Soll der gesellschaftlichen Verantwortung für die Deckung des Bedarfs entsprochen oder aber alles daran gesetzt werden, die finanziellen Kennziffern des Plans zu erfüllen?"

Damit ist natürlich wieder das Zentralproblem staatlicher Planwirtschaft angesprochen, nämlich die Frage, inwieweit es überhaupt möglich ist, das, was die politische Führung als Bedarf anerkennt oder durchsetzen kann, in staatliche Pläne und betriebliche Kennziffern, die die Tätigkeit der betrieblichen Kollektive und Individuen lenken sollen, umzusetzen.

C. Westliches und östliches „Wirtschaftswunder“ – der wirtschaftliche Wiederaufbau in beiden Teilen Deutschlands

Bei der Beurteilung der wirtschaftlichen Nachkriegsentwicklung in beiden Teilen Deutschlands, besonders beim Vergleich der Ergebnisse dieser Entwicklung, stehen zumeist die unterschiedlichen Wirtschaftssysteme im Mittelpunkt des Interesses. Dem System der östlichen Planwirtschaft, der „Zwangswirtschaft“, wird häufig die alleinige Schuld an dem schlechten Ergebnis des wirtschaftlichen Wiederaufbaus in der DDR gegeben. Hierzu ist zweierlei zu sagen: Einmal steht nicht von vornherein fest, daß das Ergebnis des wirtschaftlichen Wiederaufbaus in der DDR schlechter ist als in der Bundesrepublik. Zwar kann man zeigen – und im folgenden wird das auch geschehen – daß die wirtschaftliche Situation der Bundesrepublik in fast allen Wirtschaftsbereichen besser ist als in der DDR, aber eine vergleichende Aussage über den Wiederaufbau kann sich nicht nur auf einen willkürlich ausgewählten Endpunkt eines Entwicklungsabschnittes beziehen, sondern muß auch die Situation des Ausgangspunktes und die damals vorherrschenden Unterschiede berücksichtigen. Und zweitens kann man wirtschaftliche Entwicklungen und ihre Ergebnisse nicht auf einen Faktor allein, hier das Wirtschaftssystem, zurückführen. Sicher hat das System auf die Entwicklung Einflüsse ausgeübt, positive und negative und sicherlich sogar mehr negative als positive. Daneben gibt es aber eine Fülle anderer Faktoren, teils ökonomische, aber nicht beeinflußbare, teils auch außerökonomische Faktoren, die für die Entwicklung maßgebend waren. Diese Faktoren sollen daher zunächst einmal etwas näher untersucht und in ihrer Bedeutung für die Wirtschaftsentwicklung der DDR abgeschätzt werden.

1. Voraussetzungen des Wiederaufbaus

1. Das Wirtschaftspotential

Der Ausgangspunkt für die Beurteilung der wirtschaftlichen Nachkriegsentwicklung ist der Vergleich der Wirtschaftspotentiale, speziell der industriellen Potentiale, die für den wirtschaftlichen Wiederaufbau zur Verfügung standen. Diese Potentiale sind jedoch wegen Fehlens entsprechender Nachkriegsstatistiken nicht bekannt. Man muß sie daher abzuschätzen versuchen, ausgehend vom Vorkriegspotential, der Produktionsentwicklung und der Verluste während des Krieges und der Demontageverluste nach dem Krieg.

Beim Vergleich des *Vorkriegspotentials* ist die wichtigste Feststellung, daß Mitteldeutschland, d.h. das Gebiet der jetzigen DDR, ein hochindustrialisiertes Gebiet war. Zwar wies es neben Ostdeutschland (Gebiete östlich von Oder und Neiße) als einziges deutsches Teilgebiet bei landwirtschaftlichen Erzeugnissen und Gütern der Nahrungsmittelindustrie einen Selbstversorgungsgrad von mehr als 100 Prozent aus[41], war aber dennoch keineswegs hauptsächlich agrarisch orientiert. Im Gegenteil, wie die folgende Tabelle deutlich zeigt, war die Industrialisierung im Jahre 1939 sogar stärker als in Westdeutschland[42].

Position	Einheit	Deutsches Reich	Mitteldeutschland	Westdeutschland	restl. Reichsgebiet (mit Berlin)
Bevölkerung	Mill.	69,3	15,1	39,4	14,8
Industrieproduktion	Mrd. RM	79,0	20,9	46,8	11,3
Industrieproduktion pro Kopf	RM	1140	1380	1185	763
Bevölkerung	v. H.	100	22	57	21
Industrieproduktion	v. H.	100	26	59	15
Industrieproduktion pro Kopf	v. H.	100	121	104	67

Wenn man die Industrieproduktion pro Kopf der Bevölkerung als Industrialisierungsgrad auffaßt, dann zeigt ein Vergleich dieser Werte für Mittel- und Westdeutschland, daß der Industrialisierungsgrad dort im Jahre 1939 um 16,5 v.H. höher lag als in Westdeutschland.

Dieser relative Industrialisierungsvorsprung hat sich im Laufe des Krieges noch verstärkt. Die Ursache dafür waren die Verlagerungen insbesondere der kriegswirtschaftlich wichtigen Produktionen aus den Westgebieten des Deutschen Reiches in die östlichen Gebiete und die besetzten polnischen Gebiete, um sie vor den alliierten Luftangriffen, die sich auf die näher gelegenen westlichen Produktionszentren konzentrierten, in Sicherheit zu bringen. Es gibt Schätzungen, wonach auf dem Höhepunkt der Kriegsproduktion im Sommer 1944[43] der Anteil Mitteldeutschlands am gesamten Industrievermögen bei über 30 v.H. gelegen haben soll. Auf der anderen Seite kann man davon ausgehen,

41 Bruno Gleitze, Ostdeutsche Wirtschaft, Industrielle Standorte und volkswirtschaftliche Kapazitäten des ungeteilten Deutschlands, Berlin 1956, S. 167.

42 Bruno Gleitze, a.a.O., S. 146 und S. 170 – 173.

43 Die deutsche Industrie im Kriege 1939 – 1945. Herausgegeben vom Deutschen Institut für Wirtschaftsforschung. Berlin 1954, S. 178.

daß die Kriegsverluste, zumindest soweit sie auf den Luftkrieg zurückgingen, sich in erster Linie auf das Rhein-Ruhr-Gebiet und auf den Südwesten Deutschlands konzentrierten, die sich dem Zugriff der alliierten Luftflotten doch unmittelbarer darboten[44]. Dagegen dürften die Verluste aus den Erdkämpfen in der letzten Phase des Krieges die einzelnen Teile Deutschlands gleichmäßiger betroffen haben – mit Ausnahme Berlins, das gerade in dieser Zeit stärkste Zerstörungen erlitt. Insgesamt kann man wohl davon ausgehen, daß die industriellen Kapazitätsverluste, die Mitteldeutschland während des Krieges erlitt, geringer waren als die Schäden, die in den westlichen Industriezentren des deutschen Reiches eintraten.

Die vermutlich geringeren Kriegsverluste wurden aber bei weitem überkompensiert durch die Nachkriegsverluste, welche die Sowjetische Besatzungszone infolge der Demontagen erlitt. Den genauen Umfang der Demontageverluste wird man wohl weder für die Westzonen noch für die sowjetische Zone feststellen können. Das liegt teilweise daran, daß keine exakten Unterlagen über die demontierten Objekte vorliegen, noch Abrechnungen des west-alliierten Reparationsbüros in Brüssel. Aber auch wenn man diese Unterlagen hätte, käme man nicht wesentlich weiter, weil es sich bei den demontierten Anlagen durchweg um gebrauchte Produktionsmittel handelte, deren Zeitwert man bestenfalls schätzen könnte. Zudem sind über die Demontagen in der Sowjetischen Besatzungszone fast überhaupt keine Unterlagen verfügbar. Man ist also weitgehend auf Schätzungen angewiesen. Die sorgfältigste und ausführlichste Untersuchung über dieses Gebiet kommt hinsichtlich der Demontageverluste zu folgendem Ergebnis:

Demontageverluste in v.H. der Kapazität von 1945[45]

Sowjetische Besatzungszone	:	45 v.H.
Ost-Berlin	:	33 v.H.
West-Berlin	:	67 v.H.
Westliche Besatzungszonen	:	8 v.H.

Insgesamt gesehen dürfte man den industriellen Kapazitätsverlust, der in beiden Teilen Deutschlands zwischen 1943 und 1949 (Kriegs- und Demontageverluste) eingetreten ist, für Westdeutschland ganz grob auf etwa 25 Prozent veranschlagen, während der Verlust für Mitteldeutschland sicher über 50 Prozent beträgt. Es sei aber nachdrücklich betont, daß es sich hier um eine sehr überschlägige Schätzung mit einer entsprechend großen Unsicherheit handelt.

Im übrigen ist natürlich zu berücksichtigen, daß weder Wert- noch

44 Produktionsrückgänge der deutschen Industrie vom Mai 1944 bis Januar 1945: Südwest 58 Prozent, Rhein-Ruhr 43 Prozent, Nordwest 34 Prozent, Nord 32 Prozent, Mitte 20 Prozent, Bayern 28 Prozent. Die Deutsche Industrie im Kriege, S. 120.

45 Am Abend der Demontage. Sechs Jahre Reparationspolitik. Bremen 1951, S. 25.

Kapazitätsangaben etwas über die gesamtwirtschaftliche Bedeutung eines Kriegs- oder Demontageverlustes aussagen. Auch geringwertige oder geringfügige Verluste können, sofern es sich um Güter zentraler Bedeutung handelt, die auch nicht ersetzbar sind, erhebliche Auswirkungen auf die Funktionsfähigkeit der Gesamtwirtschaft haben.

2. Die Wirtschaftsstruktur

Für die Beurteilung der Ausgangssituation für den wirtschaftlichen Wiederaufbau reicht die Berücksichtigung des Potentials allein nicht aus. Genauso wichtig ist die Wirtschaftsstruktur, die für den Wiederaufbau günstig oder ungünstig sein kann: Eine Maschinenfabrik hat dafür z.B. eine ganz andere Bedeutung als eine Schuhfabrik oder eine Weberei.

Ein Blick auf die Wirtschaftsstruktur Mitteldeutschlands zeigt nun, daß es 1939 bei einem Gesamtanteil an der Industrieproduktion von 26,4 Prozent beim Bergbau und den Grundstoffindustrien mit 23,9 Prozent zwar etwas unterdurchschnittlich und bei den Verbrauchsgüterindustrien mit 28,3 Prozent überdurchschnittlich beteiligt war, daß sein Anteil bei den wachstumswichtigen Bau- und Investitionsgüterindustrien aber mit 26,4 Prozent durchaus seinem Industrieanteil entsprach[46]. In dieser Beziehung sah die Situation für Mitteldeutschland also gar nicht so schlecht aus, wie häufig angenommen wird. Dieser Eindruck verstärkt sich noch, wenn man sich einige wichtige Industrie-Gruppen ansieht, an denen Mitteldeutschland überdurchschnittlich beteiligt war. Dazu gehören:[47] Industrie der Steine und Erden 28,9 Prozent, Chemische Industrie 30,9 Prozent, Maschinen-, Stahl- und Fahrzeugbau 30,4 Prozent, Feinmechanische und optische Industrie 33,6 Prozent, Papierindustrie und Druckgewerbe 31,2 Prozent und die Textilindustrie 41,4 Prozent. Dennoch täuscht dieser Eindruck. Das eigentliche Strukturproblem der mitteldeutschen Wirtschaft wird nämlich erst deutlich, wenn man sich die Produktionsanteile bei einigen wichtigen Erzeugnissen ansieht. So betrug im Jahre 1938 der Anteil Mitteldeutschlands an der Produktion des Deutschen Reiches bei Steinkohle 1,9 Prozent, bei Eisenerz 6,0 Prozent, bei Roheisen 1,3 Prozent und bei Rohstahl 6,6 Prozent[48]. Bei diesen Erzeugnissen war die Sowjetische Besatzungszone also eindeutig auf westdeutsche Zulieferungen angewiesen. Wie sonst wäre ein Produktionsanteil im stark eisen- und stahlverbrauchenden Maschinen-, Stahl- und Fahrzeugbau von 30,4 Prozent bei einem Anteil von 1,3 Prozent bei der Eisenerzeugung möglich gewesen? Welche Probleme sich für die Sowjetzone daher aus dem Zerfall der Wirtschaftseinheit, aus dem Ausbleiben der westdeutschen

46 Bruno Gleitze, Ostdeutsche Wirtschaft, S. 170 – 172.

47 Die Prozentzahlen geben den Anteil Mitteldeutschlands an der entsprechenden Produktion des Deutschen Reiches wieder.

48 Bruno Gleitze, a.a.O., S. 191 – 193.

Lieferungen ergaben, kann man sich ungefähr vorstellen.

Unter diesen Umständen wird es auch verständlich, daß sich im ersten Fünfjahrplan alle Anstrengungen auf die Beseitigung der ärgsten Disproportionen gerade in diesem Bereich konzentrierten und das Eisenhüttenkombinat Ost zum Schwerpunkt wurde. Auch wenn hier Eisen und Stahl zu vergleichsweise hohen Kosten produziert wurden, so war es doch damals die einzige Möglichkeit, um überhaupt die wichtigsten verarbeitenden Betriebe mit den notwendigen Rohstoffen zu versorgen.

In diesem Zusammenhang muß allerdings darauf hingewiesen werden, daß auch in Westdeutschland durch die Spaltung z.T. starke Disproportionen in der Wirtschaftsstruktur entstanden. Aufgrund der eigenen Produktionsmöglichkeiten und unter Ausnutzung der außenwirtschaftlichen Verbindungen gelang es jedoch ziemlich schnell, die notwendigen strukturellen Anpassungen durchzuführen.

Es bleibt hierbei jedoch zu berücksichtigen, daß der Hinweis auf die Vorkriegsstruktur der mitteldeutschen Wirtschaft nur bedingt aussagefähig ist. Die kriegswirtschaftlichen Eingriffe, die Kriegszerstörungen und die Demontagen hatten erhebliche, statistisch jedoch kaum erfaßte Auswirkungen auf die Wirtschaftsstruktur Mitteldeutschlands.

Die folgende Tabelle zeigt, zu wie starken strukturellen Verschiebungen es in der Nachkriegszeit in der deutschen Industrie kam. Dabei wird die Angleichung der Strukturen im Laufe der Nachkriegszeit besonders deutlich[49].

Beschäftigtenstruktur in der deutschen Industrie (in v. H.)

	Deutschland (W+M)			Westdeutschland (W)			Mitteldeutschland (M)		
	1936	1950	1962	1936	1950	1962	1936	1950	1962
Industrie insgesamt	100,0	100,0	100,0	100,0	100,0	100,0	100,0	100,0	100,0
Grundstoffindustrie	25,4	28,8	25,6	27,9	30,8	25,3	19,8	24,2	26,7
Metallverarbeitende Industrie	32,7	32,9	41,7	33,4	32,7	42,7	31,3	33,3	38,7
Leichtindustrie	33,2	31,2	26,2	30,0	29,6	25,9	40,3	35,0	27,1
Nahrungs- u. Genußmittelindustrie	8,7	7,1	6,5	8,7	6,9	6,2	8,6	7,5	7,5

49 Gert Leptin, Veränderungen in der Branchen- und Regionalstruktur der deutschen Industrie zwischen 1936 und 1962. (Versuch einer statistischen Zusammenfassung der Entwicklung in Mittel- und Westdeutschland), Berlin 1965, S. 47 – 49.

II. Bedingungen des Wiederaufbaus

Die bisherigen Darlegungen zeigen, daß sowohl vom Potential wie von der Wirtschaftsstruktur her, die Grundlagen für den wirtschaftlichen Wiederaufbau in der Sowjetischen Besatzungszone/DDR weit ungünstiger waren als in den Westzonen bzw. der Bundesrepublik. Zu dieser schlechteren Ausgangssituation kamen im weiteren Verlauf Schwierigkeiten bzw. Benachteiligungen hinzu, die es in Westdeutschland entweder gar nicht oder doch nicht in dem Ausmaß gab wie im östlichen Teil Deutschlands.

1. Reparationen und Besatzungskosten

Der entscheidende Unterschied in der alliierten Reparationspolitik gegenüber ihren Besatzungszonen und gleichzeitig ein wesentlicher Grund für den Bruch zwischen den westlichen Alliierten und der Sowjetunion, bestand in der Frage der Entnahmen aus der laufenden Produktion. Während die Sowjetunion schon 1945 damit begann, in großem Maße Teile der ostdeutschen Industrieproduktion für Reparationszwecke zu beanspruchen, hat es solche Entnahmen in Westdeutschland, hauptsächlich aufgrund der schlechten Erfahrungen, die man nach dem Ersten Weltkrieg mit solchen Entnahmen machte, mit einer Ausnahme nicht gegeben. Diese Ausnahme bezieht sich auf die Produktion der westdeutschen Montanindustrie, über deren Verteilung ausschließlich die (west)-alliierte Ruhrbehörde bestimmte. Sie sorgte dafür, daß der größte Teil dieser Produktion an die westeuropäischen Länder geliefert wurde. Diese Lieferungen galten zwar als normale Exportgeschäfte – wie z.B. auch die erzwungenen westdeutschen Schrott- und Holzexporte – insbesondere von ostdeutscher Seite wird aber der Vorwurf erhoben, daß die Lieferung zu weit unter dem Weltmarktpreis liegenden Preisen erfolgte, so daß dadurch nach ostdeutschen Angaben der westdeutschen Wirtschaft bis zur Währungsreform ein Verlust von rund 3 Mrd. Reichsmark entstanden sei[50].

Über den Umfang der Verluste, welche die mitteldeutsche Wirtschaft aus den Entnahmen aus der laufenden Produktion sowie aus Besatzungskosten erlitt, sind Angaben genau so schwierig wie über die Demontagen. Auch hier liegt das teilweise an der Erfassungsproblematik, zum größeren Teil aber an der völlig unklaren Bewertungspraxis. Von westdeutscher Seite wurde der Wert der Entnahmen bis Ende 1953 auf 34,7 Mrd. Mark geschätzt, von denen allerdings ein Teil auf die Besatzungskosten entfällt, deren Wert für die gleiche Zeit mit etwa 16 Mrd. Mark veranschlagt wird[51]. Damit bliebe für die Entnahmen aus der laufenden Produktion ein Wert von rund 18 – 20 Mrd. Mark.

50 Josef Orlopp, Unsere Zonengrenze bleibt weit offen. In: Deutsche Wirtschaft in Ost und West. Berlin (1949), S. 31.
51 DDR-Handbuch, Köln 1975, S. 726.

Abgesehen von den Entnahmen bedeuteten demnach auch die Besatzungskosten eine Belastung, die sowohl bezogen auf die Bevölkerungszahl als besonders auf das Wirtschaftspotential weit höher liegt als die entsprechende Belastung in Westdeutschland.

Von östlicher Seite sind seinerzeit dagegen ganz andere Angaben über die vergleichsweise Belastung gemacht worden. Im Januar 1950 bezifferten Heinrich Rau, ehemaliger Chef der Deutschen Wirtschaftskommission und neuernannter Minister für Planung, die Belastung für Besatzungskosten in Westdeutschland für 1950 auf 95, während in der DDR sowohl für Besatzungszwecke als auch für Reparationen nur 73 DM pro Kopf der Bevölkerung aufgebracht werden müßten[52]. Eine besondere Rolle spielte im Zusammenhang mit den Entnahmen aus der laufenden Produktion in der Sowjetischen Besatzungszone die Beschlagnahme von Industriebetrieben und die Bildung sogenannter Sowjetischer Aktiengesellschaften (SAG). Durch SMAD-Befehl Nr. 167 vom 5. Juni 1946 wurden die größten und bedeutendsten der sequestierten Betriebe „zur Sicherung der sowjetischen Reparationsansprüche gegenüber Deutschland" in sowjetisches Eigentum überführt. Zu diesem Zwecke hatte die SMAD spezielle Gesellschaften gründen lassen, deren Aktionäre die Verwaltung für sowjetisches Vermögen in Deutschland und andere sowjetische Veraltungen waren[53]. In die SAG wurden neben mehr als 200 anderen Betrieben eingegliedert: die Leuna-Werke mit 24.500, die Buna-Werke mit 18.000, Elektro-chemische Werke Bitterfeld mit 13.000, Agfa-Wolfen mit 11.000, Neptun-Werft mit 6.000 Beschäftigten und viele andere. Insgesamt sollen im April 1952 etwa 550.000 Personen bei den zunächst 25 SAG beschäftigt gewesen sein, von denen etwa die Hälfte auf die SAG Wismut entfielen, die im Auftrag der Sowjetunion in Sachsen und Thüringen den Uranerzbergbau zu betreiben hatte. Der Anteil der SAG-Betriebe an der gesamten Industrieproduktion betrug 1947: 19,5 Prozent; 1948: 22,0 Prozent; 1949: 21,9 Prozent und 1950: 22,6 Prozent[54]. Bis Ende 1954 wurden mit Ausnahme der SAG Wismut, die in eine Sowjetisch-deutsche Aktiengesellschaft umgewandelt wurde, alle den SAG angegliederten Betriebe an die Regierung der DDR als Volkseigentum zurückgegeben. Während von seiten der DDR betont wurde, die Rückgabe sei bedingungslos erfolgt, wurde von westlicher Seite gelgentlich behauptet, es habe sich dabei praktisch um einen Rückkauf zum Preise von 2,55 Mrd. DM gehandelt[55]. Für diese Behauptung spricht unter anderem, daß zur gleichen Zeit von sowjetischen Krediten an die DDR gesprochen wurde, von denen nicht klar war, worin sie bestanden. Die Vermutung, daß der Gegenwert der Kredite, die später selbstverständ-

52 Die Investitionen des Volkswirtschaftsplanes 1950. Deutsche Finanzwirtschaft, Heft 2, Januar 1950, S. 51 f.

53 Mit Ausnahme der SAG Wismut, die unmittelbar zur Hauptverwaltung für sowjetisches Vermögen im Ausland in Moskau gehörte.

54 Werner Krause, a.a.O., S. 103.

55 DDR-Handbuch, a.a.O., S. 726.

lich zurückgezahlt werden mußten, in der Rückgabe der Betriebe lag, reicht jedoch nicht aus, um die Behauptung eines Rückkaufs ohne jede Einschränkung aufrechtzuerhalten.

2. Auslandshilfe und Wiedergutmachung

Ein ganz entscheidender Faktor für die unterschiedliche Entwicklung der Wirtschaft in beiden Teilen Deutschlands muß in der Auslandshilfe gesehen werden. Während die mitteldeutsche Wirtschaft im Rahmen der Entnahmen aus der laufenden Produktion unentgeltliche Leistungen in Höhe von fast 20 Mrd. Mark zu erbringen hatte, erhielten die Westzonen bzw. die Bundesrepublik im Zuge des Marshall-Plans (European Recovery Programm – ERP) und verschiedener anderer amerikanischer Hilfsprogramme für Europa unentgeltliche Leistungen zwischen 1945 und 1956 im Umfang von 3,7 Mrd. Dollar oder 15,5 Mrd. DM. Davon waren etwa 10 Mrd. DM als Geschenke zu betrachten, der Rest wurde als Kredit gewährt und sollte in größeren Zeiträumen zurückgezahlt werden[56]. Welche Bedeutung diese Auslandshilfe, die teils Nahrungsmittelhilfe war, teils Rohstoff- und Maschinenlieferungen umfaßte, für den westdeutschen Wiederaufbau hatte, läßt sich heute kaum noch ermessen. In einer Situation, die durch ein Überangebot qualifizierter und in höchstem Maße leistungsbereiter Arbeitskräfte sowie eine wegen jahrelanger Unterversorgung mit allen Gütern praktisch unbegrenzte Nachfrage gekennzeichnet war, in der es eigentlich nur an Produktionsmitteln fehlte – zum Teil weil sie demontiert worden waren – mußte die geschenkweise oder kreditäre Bereitstellung dieser Investitionsmittel geradezu einen solchen Produktionsaufschwung mit sich bringen[57].

Die mitteldeutsche Wirtschaft kam nicht in den Genuß ausländischer Wirtschaftshilfe. Aufgrund des Einspruchs der Sowjetunion, die – wohl zu Recht – eine Untergrabung ihrer Position durch das amerikanische Kapital in Osteuropa fürchtete, durfte keine osteuropäische Regierung das amerikanische Angebot auf Wirtschaftshilfe annehmen. Entsprechende Absichten Polens ließen sich nicht verwirklichen; eine bereits zugesagte Beteiligung der Tschechoslowakei mußte zurückgezogen werden. Daß unter diesen Umständen auch für die Sowjetische Besatzungszone keine Möglichkeit einer Beteiligung am Marshall-Plan bestand, versteht sich von selbst[58]. Der kurz nach der Gründung der

56 Im Rahmen der deutsch-amerikanischen Devisenausgleichsabkommen sind diese Kredite vorzeitig getilgt worden.

57 Es muß allerdings darauf hingewiesen werden, daß die Wiederaufbauerfolge in Großbritannien, Frankreich und Italien, die erheblich mehr ERP-Gelder bekommen haben als die Bundesrepublik und wo die Situation ähnlich war, nicht ganz so bemerkenswert waren.

58 Es erstaunt unter diesen Umständen nicht, daß von ostdeutschen Wirtschaftsfunktionären der Marshallplan als Instrument des amerikanischen Imperialismus und der Ausbeutung Europas bezeichnet wurde, der speziell in Westdeutschland zu Massenarbeitslosigkeit und völligem wirtschaftlichen Chaos führen müsse. Josef Orlopp, a.a.O., S. 31.

europäischen Marshallplan-Organisation in Paris (Organisation für die europäische wirtschaftliche Zusammenarbeit – OEEC) als Gegengewicht 1949 in Moskau gegründete Rat für gegenseitige Wirtschaftshilfe (RGW – im Westen auch COMECON genannt) blieb zunächst auf Jahre hinaus ohne jegliche Bedeutung und bot in keiner Weise einen Augleich für die amerikanischen Hilfslieferungen.

Die nicht zuletzt mit Hilfe der amerikanischen Marshallplan-Lieferungen schnell wiederhergestellte westdeutsche Wirtschaft konnte daher auch bald ihrerseits Verpflichtungen gegenüber dem Ausland übernehmen und selbst Hilfe gewähren, welche die DDR weder übernehmen wollte noch übernehmen konnte. Dazu gehören in erster Linie die Wiedergutmachungsleistungen, besonders aufgrund des Wiedergutmachungsabkommens mit Israel und die Entwicklungshilfe. Die Wiedergutmachungsleistungen beliefen sich bisher auf insgesamt fast 43 Mrd. DM. An Entwicklungshilfe leistete die Bundesrepublik Deutschland zwischen 1950 und 1978 insgesamt über 135 Mrd. DM (Nettoleistung), davon über 57 Mrd. DM öffentliche Leistungen. Die Entwicklungshilfe der DDR an nichtkommunistische Länder ist unbekannt. Sie liegt nach verschiedenen Schätzungen aber mit großer Wahrscheinlichkeit unter 3 Mrd. Mark.

3. Außenwirtschaft

Damit ist ein weiteres Gebiet angesprochen, auf dem sich für die Entwicklung der westdeutschen Wirtschaft deutliche Vorteile gegenüber der DDR boten: die Außenwirtschaft. Die sich von Jahr zu Jahr intensivierende Verflechtung der westdeutschen Wirtschaft mit den hochentwickelten Industriewirtschaften der westlichen Welt bot nicht nur in der Phase des wirtschaftlichen Wiederaufbaus die Möglichkeit, die notwendigen Ausrüstungen zu importieren und die sich aus der Spaltung ergebenden Disproportionen schnell auszugleichen, sie erleichterte auch nicht zuletzt das Ausmaß der Rezession von 1967 und trug zu ihrer schnellen Überwindung bei. Die starke weltwirtschaftliche Verflechtung der Bundesrepublik ist ein wesentlicher Wachstumsfaktor und ein wichtiges Element ihres wirtschaftlichen Wohlstands.

Die DDR befand sich demgegenüber in einer weit ungünstigeren Lage. Durch ihre politische Ostorientierung wurde sie gezwungen, sich auch wirtschaftlich auf den osteuropäischen Raum und besonders die Sowjetunion, auf die ständig zwischen 33 Prozent und 45 Prozent des Außenhandels der DDR entfiel, zu konzentrieren:

Diese starke aber nicht ganz freiwillige Ausrichtung des DDR-Aussenhandels ist aus mehreren Gründen vergleichsweise nachteilig für die DDR: die politische Vormachtstellung ihres Haupthandelspartners, der gleichzeitig Besatzungsmacht und damit oberste politische Autorität in der DDR war, eröffnete zumindest in der ersten Phase (etwa bis Mitte der fünfziger Jahre) die Möglichkeit von Preisdiskriminierung.

Regionalstruktur des Außenhandels der Bundesrepublik Deutschland u. d. DDR (in v. H.)

	Bundesrepublik Deutschland				DDR				DR bzw. Bundesrepublik u. DDR		
	1950	1960	1970	1978	1950	1960	1970	1978	1928	1936	1970
sozialist. Länder[1]	5,5	5,4	5,5	6,9	72,3	74,7	71,6	72,1	15	18	15
nicht.-soz. Länder	90,5	92,2	92,7	91,5	11,7	15,0	18,2	19,7	85	82	85
innderdt. Handel	4,0	2,4	1,8	1,6	16,0	10,3	10,2	8,2	–	–	–

1 einschließlich Jugoslawien und Kuba
DR = Deutsches Reich

Außenhandel (einschl. innerdeutscher Handel) der Bundesrepublik und der DDR

	Bundesrepublik in Mrd. DM				DDR in Mrd. Valuta Mark			
	Ges. Ums..	Einfuhr	Ausfuhr	Saldo	Ges. Ums.	Einfuhr	Ausfuhr	Saldo
1950	20,5	11,8	8,8	- 3,0	3,7	2,0	1,7	- 0,3
1960	92,8	43,8	48,9	5,1	18,3	9,2	9,3	0,1
1970	239,3	111,6	127,7	16,1	39,6	20,4	19,2	- 0,1
1975	413,2	187,7	225,5	37,9	74,4	39,3	35,1	- 4,2
1976	487,0	226,1	260,9	34,9	85,5	45,9	39,5	- 6,4
1977	517,1	239,1	278,0	38,9	91,7	49,9[1]	41,8[1]	- 8,1[1]
1978	537,0	247,6	289,4	41,8	96,9	50,7[2]	46,2[2]	- 4,5[2]
1978:1950	2620	2098	3289		2634	2535	2718	.

1 Wochenbericht des DIW Nr. 31/78 v. 3.8.78, S. 303
2 Wochenbericht des DIW Nr. 47/79 v. 22.11.79, S. 479

Weiter war die Außenhandelsorganisation in der DDR und in ihren Hauptpartnerländern, das staatliche Außenhandelsmonopol, primär ein Instrument zur außenwirtschaftlichen Absicherung und damit zur Intensivierung des Außenhandels wenig geeignet. Am wichtigsten aber war, daß die Wirtschaftsstruktur der meisten Außenhandelspartner der DDR für einen intensiven Außenhandel wenig geeignet war. Mit Ausnahme der CSSR handelte es sich durchweg um Entwicklungsländer, bestenfalls um frühindustrialisierte Länder. Für eine hochindustrialisierte Volkswirtschaft wie die der DDR sind aber andere hochindustrialisierte Länder die geeigneteren Außenhandelspartner, teils weil sie wegen ihrer differenzierteren Produktionsstruktur mehr Möglichkeiten der Arbeitsteilung bieten, teils weil sie einfach reicher sind und damit eine höhere Konsumkraft entfalten können. Als Beweis für die Richtigkeit dieser Thesen kann die regionale Außenhandelsstruktur der Bundesrepublik und der anderen westlichen Industrieländer sowie der steigende Anteil des Außenhandels der Industrieländer untereinander am Welthandel angesehen werden.

Für die DDR hatte die ungünstige Regionalstruktur des Außenhandels zur Folge, daß sich trotz einer vergleichsweise höheren strukturellen Abhängigkeit ihrer Volkswirtschaft vom Außenhandel nur eine weit geringere Außenhandelsintensität entwickeln ließ als in Westdeutschland. Die größere Abhängigkeit liegt in dem im Vergleich zur Bundesrepublik kleineren Wirtschaftsraum und der bereits behandelten unausgeglicheneren Wirtschaftsstruktur: Je kleiner ein nationaler Wirtschaftsraum ist, desto eher trifft irgendeine Warenlieferung auf eine Grenze; je weniger ausgeglichen die nationale Wirtschaftsstruktur, desto größer ist die Notwendigkeit, den Ausgleich im Außenhandel zu suchen. Trotz dieser relativ größeren strukturellen Außenhandelsabhängigkeit der DDR ist die Außenhandelsintensität der Bundesrepublik, ausgedrückt als Außenhandelsumsatz pro Kopf der Bevölkerung, um mehr als 50 Prozent höher als die der DDR. Das bedeutet, daß der Außenhandel der DDR aufgrund der politisch erzwungenen weitge-

Bundesrepublik Deutschland: Der innerdeutsche Handel 1950-1978 (in Mill. DM)

Jahr	Bezüge	Lieferungen	Umsatz	Saldo	kumulat. Saldo seit 1948	DDR-Verschuldung am Jahresende
1950	415	330	745	84,6	– 37,7	.
1960	1122,4	959,5	2082,0	– 163,0	– 99,1	.
1970	1996,0	2415,5	4411,5	19,5	1204,4	.
1975	3342,3	3921,5	7263,8	579,2	3267,4	2400
1976	3876,7	4268,7	8145,4	392,0	3659,4	2600
1977	3960,4	4343,3	8303,7	382,9	4042,3	2970
1978	3899,9	4523,9	8423,8	624,0	4666,3	3670

henden Ostintegration einen geringeren Beitrag zum wirtschaftlichen Wachstum und zum Wohlstand der Bevölkerung beizutragen vermochte als es in der Bundesrepublik möglich war.

Hierin muß man auch die Hauptbedeutung des innderdeutschen Handels für die DDR sehen: Dieser Handel bietet einen vergleichsweise leichten Zugang zu einem wichtigen Teil des westlichen Weltmarktes. Er ist leichter als der Zugang auf anderen westlichen Märkten, weil er rein räumlich nahe liegt (geringe Transportkosten), keine Zollmauern zu überwinden sind (DDR gilt in der Bundesrepublik nicht als Zollausland), weil zum Teil immer noch historisch gewachsene Bindungen bestehen und weil schließlich auf beiden Seiten der Zonengrenze die gleiche Sprache gesprochen wird. Es ist daher auch in Zukunft nicht damit zu rechnen, daß die DDR ihr Interesse am innerdeutschen Handel verlieren wird.

4. Arbeitskräfte

Wichtigster Faktor der wirtschaftlichen Entwicklung sind in beiden Teilen Deutschlands die Arbeitskräfte. Unter diesen Umständen wird man bei einem langfristigen Vergleich der wirtschaftlichen Entwicklung in beiden Teilen Deutschlands der innerdeutschen Arbeitskräftewanderung von Ost nach West, das heißt politisch gesehen der bis zum Bau der Berliner Mauer im August 1961 massiven Fluchtbewegung, besondere Aufmerksamkeit schenken müssen. Von 1950 bis 1961 kamen jährlich zwischen 144.000 (1959) und 330.000 (1953) Flüchtlinge nach Westdeutschland, von denen im Durchschnitt rund 60 Prozent Erwerbspersonen waren. Wenn man berücksichtigt, daß jeder arbeitsfähige Flüchtling beim innerdeutschen Wirtschaftsvergleich einen Arbeitskräfteunterschied von 2 Personen ausmacht (im Osten – 1, im Westen + 1), dann wird die wachstumspolitische Bedeutung der Fluchtbewegung besonders deutlich[59].

Von verschiedenen Seiten[60] ist versucht worden, die wirtschaftliche Bedeutung der Fluchtbewegung zahlenmäßig zu erfassen, sozusagen den Kapitalverlust jedes arbeitsfähigen Flüchtlings zu ermitteln und so einen Gesamtverlust für die DDR zu errechnen. Abgesehen davon, daß diese Ermittlung eines durchschnittlichen Menschenwertes seltsam anmutet und unausgesprochen unterstellt, daß die Bürger eines Staates wenn schon nicht als sein Eigentum, über das er verfügen kann, so doch zumindest als sein Vermögen, über das Abrechnungen vorgelegt werden müssen, anzusehen sind, ist die Berechnung sowohl hin-

59 Daß die Fluchtbewegung Millionen Deutscher in erster Linie von erheblicher menschlicher und politischer Bedeutung war ist bekannt, in diesem Zusammenhang aber weniger wichtig.
60 Vergleiche besonders: Hans Apel, Wehen und Wunder der Zonenwirtschaft, Köln 1966, S. 254.

sichtlich der statistischen Unterlagen als auch besonders der angewandten Methode völlig unhaltbar[61].

Es kann kein Zweifel bestehen, daß die Fluchtbewegung für die DDR zu einer erheblichen ökonomischen Belastung wurde, nur läßt sich die Belastung nicht auf diese Weise quantifizieren. Darüber hinaus wird bei dieser Betrachtung häufig außer Acht gelassen, daß die Bundesrepublik bis zum Jahre 1954 über eine Million Arbeitslose aufwies, ja sogar in der im Rückblick etwas verklärten „Wirtschaftswunder-Phase“ 1955 – 1958 in keinem Jahr im Durchschnitt weniger als 650.000 Arbeitslose hatte, das heißt weit mehr als die 460.000 Arbeitslosen im Rezessionsjahr 1967. Noch 1955 waren mit 1,074 Mill. Arbeitslosen genausoviele Menschen arbeitslos, wie genau 20 Jahre später auf dem Höhepunkt der Arbeitslosigkeit Mitte der siebziger Jahre (1975: 1,074 Mill.). Daß in einer solchen Zeit starker Arbeitslosigkeit zuwandernde Arbeitskräfte mit Familie äußerst problematisch sind, ist offensichtlich. Sie müssen untergebracht und ernährt werden, tragen selbst aber noch nichts zur gesamtwirtschaftlichen Produktion bei. Die Kapitalbildung und damit die Möglichkeit, neue Arbeitsplätze zu schaffen, wird durch die nicht arbeitenden Zuwanderer geradezu gemindert. Die Betrachtung zeigt, daß die ökonomische Bedeutung der Fluchtbewegung zumindest etwas differenzierter gesehen werden muß, als es gemeinhin geschieht.

Wenn die Flüchtlinge in der Bundesrepublik auch nicht immer gleich produktiv eingesetzt werden konnten – in der DDR fehlten sie jedenfalls. Die Arbeitsmarktlage verschärfte sich zusehends und dürfte in der letzten Phase der Flucht, im Sommer 1961, wesentlich zu dem Entschluß des Mauerbaues beigetragen haben[62].

Mit dem Bau der Berliner Mauer im August 1961 wurde die Fluchtbewegung und der damit verbundene Arbeitskräfteabfluß radikal unterbrochen. Was danach in den Westen gelangte, war wirtschaftlich gesehen ohne Belang. Dennoch hat die Fluchtbewegung heute noch eine große Bedeutung für die DDR, insofern sie immer noch unter den Fluchtfolgen zu leiden hat. Unter den Flüchtlingen war der Anteil der Jugendlichen bis zu 25 Jahren immer sehr hoch, meist um 50 Prozent. Das hatte zur Folge, daß unter den Zurückbleibenden der Anteil der älteren Jahrgänge rasch anstieg. Im Jahre 1970 waren in der Bundesrepublik 61,2 Prozent der Bevölkerung im arbeitsfähigen Alter[63], in der DDR dagegen um 58 Prozent. Erst seit Mitte der siebziger Jahre haben sich die Anteile in beiden Teilen Deutschlands wieder einander angenähert und liegen jetzt bei etwa 61 Prozent.

61 Vgl. hierzu die Auseinandersetzung Apel-Leptin in: Hans Apel, a.a.O., S. 261 f.

62 Damit soll nicht die These vertreten werden, daß die Fluchtbewegung die Ursache des Baues der Berliner Mauer war. Eine solche Betrachtung blickt nur auf das letzte Glied einer langen Kette von politischen und ökonomischen Maßnahmen und Versäumnissen, die schließlich zu diesem Entschluß führten.

63 Männer zwischen 15 und 65, Frauen zwischen 15 und 60 Jahren.

Die offizielle Wirtschaftspolitik versucht, dieser Situation mit allen Mitteln entgegenzuwirken. Neben der Weiterbeschäftigung von Rentnern spielt insbesondere die Einbeziehung von Frauen in den Produktionsprozeß eine wichtige Rolle. Etwa 50 Prozent der Beschäftigten in der DDR sind Frauen, gegenüber rund 37 Prozent Frauenanteil in der Bundesrepublik. Noch stärker ist der Unterschied bei den Erwerbsquoten[64] der Frauen. In der DDR lag sie 1977 bei 78 Prozent gegenüber 51 Prozent in der Bundesrepublik. Primär unter diesem Gesichtspunkt müssen daher auch die intensiven Maßnahmen für die Kinderbetreuung gesehen werden, ein Gebiet, auf dem die DDR sehr viel weiter ist als die Bundesrepublik.

Dagegen ist eine andere Möglichkeit zur Behebung des Arbeitskräftemangels kaum ausgenutzt: Während in der Bundesrepublik im Jahre 1973 etwa 2,6 Millionen und 1979 noch 1,9 Millionen Ausländer tätig waren (entspricht 11,6 % bzw. 8,7 % der abhängig Beschäftigten) spielt die Ausländerbeschäftigung in der DDR-Wirtschaft bisher kaum eine Rolle. Ein Abkommen mit Ungarn über die Beschäftigung von rund 20.000 Ungarn in der DDR ist nur zu einem Teil ausgenutzt. Aber auch bei voller Ausnutzung dieser Quote und wenn noch einmal soviel Gastarbeiter aus anderen Ländern hinzukämen, wäre der Anteil an der Gesamtzahl der Beschäftigten mit einem halben Prozent so niedrig, daß man von einer zu vernachlässigenden Größe sprechen kann.

Im übrigen muß zur Frage der immer wieder behaupteten starken Arbeitskräfteknappheit in der DDR darauf hingewiesen werden, daß es sich um eine sehr relative Knappheit handelt: Es gibt keine freien Arbeitskräfte, weil die Betriebe Arbeitskräfte genau so horten wie Material und Maschinen und weil kein Mensch ohne Arbeitseinkommen oder ausreichende Unterstützung existieren kann. Die Übernachfrage nach Arbeitskräften ist in erster Linie eine Folge ihrer relativ niedrigen Kosten (vom Staat festgesetzte und im Rahmen der staatlichen Finanzplanung finanzierten Löhne) und ihrer gesamtwirtschaftlich irrationalen Verteilung mit der Folge entsprechend niedrigerer Arbeitsproduktivität und Einkommen.

III. Ergebnisse des Wiederaufbaus

1. Vorbemerkung

Wenn im folgenden Abschnitt der Versuch unternommen wird, den Erfolg aller Bemühungen um die Wiederherstellung der Wirtschaft, das Ausmaß des wirtschaftlichen Wiederaufbaus, zu ermessen und zu beurteilen, so muß man sich darüber klar sein, daß es nicht damit getan ist, festzustellen, in der DDR seien viele neue Fabriken, Schulen und

64 Anteil der berufstätigen Frauen an der Zahl aller Frauen im arbeitsfähigen Alter.

Wohnhäuser gebaut und den Menschen gehe es im allgemeinen recht gut. Urteilen kann man nur, wenn man Maßstäbe hat und Maßstäbe liefert nur ein Vergleich. Daß dieser Vergleich mit der Bundesrepublik durchgeführt wird und nicht mit irgend einem anderen Land, ist dadurch begründet, daß beide Teilgebiete einmal einer einheitlichen Volkswirtschaft zugehörten, daß für die Bevölkerung der DDR die Bundesrepublik der einzig akzeptierte Vergleichsmaßstab ist und schließlich, daß der westdeutsche Leser, für den diese Schrift hauptsächlich bestimmt ist, die Situation der DDR selbstverständlich mit der eigenen vergleicht und daher ergänzende Unterlagen über die Bundesrepublik benötigt. Obwohl kein Zweifel bestehen kann, daß man nur auf Basis von Vergleichen zu Urteilen kommen kann, muß man gleichzeitig doch erkennen, daß die Möglichkeiten von Vergleichen sehr begrenzt sind. Das liegt einmal an der allgemeinen Problematik zwischenstaatlicher Vergleiche, wie sie immer auftreten, wenn man zwei verschiedene Volkswirtschaften untersucht. Sie liegt hauptsächlich in den methodischen und erfassungstechnischen Unterschieden der Statistiken, die häufig unter gleichen Bezeichnungen ganz verschiedene Dinge aussagen[65], zum anderen auch an den unterschiedlichen Strukturen der Volkswirtschaft mit ihren Auswirkungen auf die Preisstruktur[66]. Besondere Schwierigkeiten tauchen auf, wenn man westliche Marktwirtschaften und östliche Planwirtschaften vergleicht. Allein die Preisproblematik – auf der einen Seite Marktpreise, auf der anderen Seite nach bestimmten Zielen festgelegte Planpreise – ist fast unüberwindbar. Alle Vergleiche, die auf Preisen aufbauen, werden damit fast unmöglich. Ganz abgesehen davon, daß die Ziele der Wirtschaftspolitik sich unterscheiden und damit auch die Ergebnisse beeinflussen: Wenn eine Volkswirtschaft primär wachstumsorientiert ist, dann kann man ihren Erfolg nicht am zurückgebliebenen Lebensstandard messen, während eine hauptsächlich auf Konsumbefriedigung ausgerichtete Volkswirtschaft nur unter sehr günstigen Umständen auch ein hohes Wachstum erreicht. Schließlich ist beim innerdeutschen Vergleich die politische Problematik nicht zu übersehen: Zu welcher ökonomischen Aussage man auch immer kommt, man muß damit rechnen, daß sie als politische Stellungnahme für oder gegen eine bestimmte Richtung ausgelegt wird. Das liegt zumeist daran, daß es einfacher ist, den Urteilenden politisch zu katalogisieren, als sich mit dem Inhalt seiner Aussage – die natürlich auch falsch sein kann – auseinanderzusetzen.

Aus alledem folgt, daß man hinsichtlich der Möglichkeit eines wirtschaftlichen Vergleichs zwischen der Bundesrepublik und der DDR skeptisch sein muß. Entsprechend vorsichtig sollte man daher auch

65 Beispiel: „Unfalltoter“: 1. an der Unfallstelle tot, 2. innerhalb einer Woche an Unfallfolgen gestorben, 3. innerhalb eines Monats, 4. innerhalb eines Jahres.

66 Beispiel: unterschiedliche Kaufkraft der DM im Ausland, je nach dem ob man nach dem deutschen oder dem ausländischen Verbrauchsschema leben will.

mit den Ergebnissen umgehen. Das fällt einem um so leichter, je mehr unterschiedliche Ergebnisse für das gleiche Vergleichsgebiet man findet. Davon sollte man sich jedoch nicht verwirren lassen. Die Unterschiede beruhen zumeist nicht auf unterschiedlicher politischer Voreingenommenheit der Autoren, sondern auf den jeweils angewandten Vergleichsmethoden. Die Ergebnisse sind daher auch weder „falsch" noch „richtig", sondern eher mehr oder weniger plausibel oder überzeugend.

2. Die Entwicklung der Produktion

Eine zusammenfassende Gegenüberstellung der gesamtwirtschaftlichen Leistung beider deutschen Staaten im Sinne einer volkswirtschaftlichen Gesamtrechnung trifft in besonderem Maße auf konzeptionelle und statistische Probleme. Eine dennoch mit großer Sorgfalt unternommene Berechnung kommt zu folgenden Ergebnissen.

Bruttosozialproduktvergleich Bundesrepublik Deutschland – DDR
(Bundesrepublik Deutschland = 100)

	absolut		je Einwohner		je Beschäftigten	
	1967	1976	1967	1976	1967	1976
Bruttosozialprodukt insgesamt	22	22	78	83	67	63
davon:						
Land- u. Forstwirtschaft	41	34	141	124	92	61
Industrie und Handwerk	24	25	84	91	72	65
Handel und Verkehr	19	21	65	78	59	62
Dienstleistungen	19	18	67	68	66	64

Quelle: Wochenbericht des Deutschen Instituts für Wirtschaftsforschung Nr. 23-24/1977, S. 200 (Bearbeiter: Herbert Wilkens)

Absolut betrug das Bruttosozialprodukt der DDR 1976 etwa 22 %, die Produktion von Industrie und Handwerk etwa 25 % derjenigen der Bundesrepublik. Die gesamtwirtschaftliche Arbeitsproduktivität lag um 37 %, die industrielle um 35 % unter derjenigen der westdeutschen Wirtschaft. Dabei hat der Abstand in den letzten zehn Jahren eher zu- als abgenommen. Der private Verbrauch je Einwohner lag fast ein Drittel unter derjenigen der westdeutschen Bevölkerung – ein Wert, der qualitative Unterschiede im privaten Verbrauch dabei nur in engen Grenzen berücksichtigt. Niedriger als in Westdeutschland waren 1976 auch die Investitionen je Einwohner (etwa – 4 %), während der Staatsverbrauch einschließlich Außenwirtschafts-Beitrag je Kopf um 7 % über den westdeutschen Werten lag.

Im Mittelpunkt der Wirtschaftspolitik der DDR stand von Beginn an die Förderung der *Industrieproduktion*. Auf diesem Gebiet sind daher zweifellos auch die größten Erfolge zu verzeichnen. Hinsichtlich des Gesamtumfangs der industriellen Produktion steht die DDR in Osteuropa mit etwa 10 Prozent der sowjetischen Industrieproduktion vor Polen an 2. Stelle, in Europa nach der Sowjetunion, der Bundesrepublik, Großbritannien, Frankreich und Italien wahrscheinlich an 6. Stelle. Innerhalb des Ostblocks liegt die zentrale Bedeutung der DDR-Wirtschaft jedoch nicht so sehr in ihrer absoluten Höhe, sondern in ihrer Funktion, Hauptlieferant von Maschinen und industriellen Ausrüstungen zu sein.

Im Vergleich zur Bundesrepublik weist die DDR-Statistik seit 1950 ein weit höheres industrielles Wachstum aus, als die Statistik der Bundesrepublik. Wenn 1950 = 100 gesetzt wird, dann soll die Industrieproduktion der DDR 1977 bei 812 gelegen haben, die der Bundesrepublik bei 500. Hier liegen jedoch offensichtlich nicht vergleichbare statistische Aussagen vor. Der Hauptunterschied liegt wohl darin, daß die DDR-Statistik praktisch von den Produktionskosten ausgeht, so daß zum Beispiel steigende Kosten, insbesondere steigende Arbeitskosten, in der Statistik als Wertzuwachs ausgewiesen werden, während die westdeutsche Statistik einige hundert repräsentative naturale Güterarten mit Nettoproduktionswerten gewichtet und zu einem Gesamtindex zusammenfaßt.

Daß ein Vergleich auf der Basis dieser Indexwerte zu keinem sinnvollen Ergebnis führt, zeigt auch eine andere Überlegung: Im gleichen Zeitraum ist nämlich die Zahl der Industriebeschäftigten in der DDR um 38 Prozent, in der Bundesrepublik um 44 Prozent gestiegen. Eine schnellere Steigerung der Industrieproduktion in der DDR wäre nur möglich, wenn die industrielle Arbeitsproduktivität wesentlich schneller gestiegen wäre, nämlich mindestens auf das 5,8fache gegenüber dem 3,5fachen in der Bundesrepublik. Gegen diese Annahme sprechen aber eine ganze Reihe von Argumenten: Die Entwicklung der Kapitalausstattung der industriellen Arbeitsplätze, die Entwicklung der Elektroenergieerzeugung sowie die ungefähre Relation der Arbeitsproduktivität: Die maschinelle Ausstattung der industriellen Arbeitsplätze ist in der DDR zwar in den letzten Jahren schneller vorangetrieben als in der Bundesrepublik, blieb aber im gesamten Zeitraum 1950 bis 1977 dennoch hinter der westdeutschen Entwicklung zurück.

Erzeugung und Verbrauch von Elektroenergie ist ein gutes Indiz für die Produktivitätsentwicklung, denn je intensiver der Maschineneinsatz am Arbeitsplatz, desto größer der Elektrizitätsverbrauch. In der DDR stieg die Erzeugung von elektrischem Strom zwischen 1950 und 1977 auf das 4,7fache, in der Bundesrepublik auf das 7,6fache. Den relativen Rückstand der Arbeitsproduktivität der DDR gegenüber Westdeutschland bezifferte Walter Ulbricht auf dem VI. Parteitag der SED im Frühjahr 1963 auf rund 25 Prozent. Westdeutsche Berechnungen aus dem Jahre 1977 zeigen für 1976 sogar einen Rückstand von

35 Prozent (vgl. vorstehende Tabelle). Wenn nun – wie die offiziellen Produktions- und Beschäftigungszahlen in der Industrie zu unterstellen scheinen – die Arbeitsproduktivität in der DDR von 1950 bis 1977 wirklich um 66 Prozent schneller gestiegen wäre als in der Bundesrepublik, dann hätte der Rückstand der DDR in der Produktivität 1950 entsprechend größer, nämlich über 50 Prozent betragen müssen. Mehr noch: Da nach anderen Quellen die industrielle Arbeitsproduktivität 1950 bei 94 Prozent des Standes von 1936 lag[67], während sie in der Bundesrepublik den Vorkriegsstand gerade übertroffen hatte, folgt daraus, daß auch 1936 ein so starker Produktivitätsunterschied in Deutschland bestanden haben müßte. Ein solches Ergebnis ist jedoch völlig abwegig. Es bleibt nur die Schlußfolgerung, daß die DDR-Zahlen über Produktions-, Produktivitäts- und Arbeitskräfteentwicklung und Produktivitätsunterschied nicht zusammenpassen.

Aber auch wenn man der offiziellen Statistik der DDR aus den genannten Gründen mit einer berechtigten Skepsis begegnet, so kann an dem gewaltigen industriellen Produktionsaufschwung in der DDR doch kein Zweifel sein. Auf dem Gebiet der industriellen Produktion zeigt die Entwicklung in beiden Teilen Deutschlands immer noch die größte Ähnlichkeit. Versucht man einmal den Gesamtumfang der Industrieproduktion beider Teile Deutschlands für 1977 ganz grob untereinander zu vergleichen, dann geht das immer noch am besten anhand der Beschäftigtenzahlen. Nimmt man zunächst gleiche Arbeitsproduktivität in beiden Teilen Deutschlands an, dann deutet die Tatsache, daß die DDR etwa 43 Prozent der Industriebeschäftigten der Bundesrepublik hat, auf einen gleich hohen Anteil an der westdeutschen Industrieproduktion hin. Unterstellt man jetzt zusätzlich einen Rückstand in der Arbeitsproduktivität von 35 Prozent gegenüber Westdeutschland, dann kommt die DDR nur auf eine Industrieproduktion, die bei ungefähr 28 Prozent der westdeutschen liegt. Das ist etwa die gleiche Größenordnung, wie sie auch die vorstehende Tabelle zeigt (25 %). Die Abweichung findet ihre Erklärung möglicherweise im Einschluß des Handwerks in diese Berechnung. In jedem Falle handelt es sich bei der DDR um ein international beträchtliches Potential.

Die starke und einseitige Bevorzugung der Industriewirtschaft der DDR ist nicht nur an der Struktur der Investitionen ablesbar – während in Westdeutschland der Industrieanteil an den Investitionen seit 1950 von einem Viertel auf etwa ein Fünftel zurückging, hält er sich in der DDR ständig bei etwas unter der Hälfte – sie spiegelt sich auch in den Leistungen der *Bauwirtschaft*. Der Anteil der Bauinvestitionen für die Industrie ist in den letzten Jahren leicht gesunken und liegt jetzt bei 27 Prozent der gesamten Bauleistungen. Demgegenüber stehen die Bauleistungen für andere Wirtschaftsbereiche wie Landwirtschaft, Verkehr, Handel, Kultur-, Gesundheits- und Sozialwesen zu-

67 Werner Krause, a.a.O., S. 161.

rück. Die Folge ist, daß insbesondere im Verkehrswesen und im Wohnungsbau die Entwicklung in der DDR hinter der Westdeutschlands zurückbleibt. Erst seit Anfang der siebziger Jahre werden im Bereich der Wohnungswirtschaft größere Anstrengungen unternommen. Die Zahl der fertiggestellten Wohnungsneubauten stieg zwischen 1970 und 1977 von knapp 66.000 auf über 106.000[68]. Damit konnte fast die – allerdings stark geschrumpfte – Wohnungsbauintensität der Bundesrepublik erreicht werden (Neugebaute Wohnungen je 1000 Einwohner 1977, BRDtschl.: 6,7; DDR: 6,4)[69]. Dabei liegt die durchschnittliche Wohnfläche in der DDR bei 60 m^2, in der Bundesrepublick bei 98 m^2. Beim Vergleich des Wohnungsbaus ist allerdings zu berücksichtigen, daß die Wohnungsnot in der DDR wegen der geringeren Kriegsverluste und der massiven Abwanderung nie so groß war wie in der Bundesrepublik.

Während das *Handwerk* in der Bundesrepublik zwischen 1971 und 1977 seine Beschäftigtenzahl etwa halten konnte (4,1 bzw. 4,0 Mill.), stieg der Umsatz des Handwerks um fast 50 %. In der gleichen Zeit verminderte sich in der DDR – zum großen Teil wegen der erwähnten Verstaatlichung vieler Produktionsgenossenschaften des Handwerks die Beschäftigtenzahl um ein Drittel von 600.000 auf 400.000, davon im privaten Handwerk von 341.000 auf 251.000. Der Umsatz des Handwerks ging von 18,4 Mrd. Mark auf 14,5 Mrd. Mark zurück. In letzter Zeit findet das Handwerk wieder mehr Aufmerksamkeit der staatlichen Wirtschaftspolitik. Da sich die Industrialisierungspolitik im wesentlichen auf den Bereich der Produktionsmittelerzeugung konzentrierte und die Konsumgüterindustrie vernachlässigt wurde, bot sich durch die Förderung des Handwerks – besonders des Reparatur- und Dienstleistungshandwerks – die Möglichkeit, die negativen Auswirkungen dieser Politik auf die Bevölkerung in gewissen Grenzen zu korrigieren.

Im *Verkehrswesen* zeigt sich der Rückstand der DDR in der Motorisierung sowohl im Güter- wie im Personenverkehr. Die Aufteilung der binnenwirtschaftlichen Transportleistungen im Güterverkehr auf die drei Hauptverkehrsträger Eisenbahn, Kraftverkehr und Binnenschiffahrt erfolgte im Jahre 1977 in der DDR im Verhältnis 70 : 27 : 3, in der Bundesrepublik dagegen im Verhältnis 26 : 51 : 23[70]. Bei der Personenbeförderung läßt sich die Verkehrsleistung des privaten Kraftverkehrs nicht exakt genug erfassen, um darauf einen Vergleich aufzubauen. Einen deutlichen Hinweis auf die gesuchte Relation gibt aber der Bestand an zugelassenen Personenkraftwagen, der in der DDR 1977 bei 2,2 Millionen, in der Bundesrepublik bei 20 Mil-

68 Statistisches Jahrbuch 1978 der DDR, Berlin 1978, S. 143.
69 Zahlenspiegel, Bundesrepublik Deutschland – Deutsche Demokratische Republik – Ein Vergleich. Bonn, Dezember 1978, S. 63.
70 Zahlenspiegel, a.a.O., S. 49.

lionen lag. Je 100 Einwohner bedeutet das einen Bestand von 14 in der DDR und 34 Kraftwagen in der Bundesrepublik.

Einen deutlichen Aufschwung nahm in den letzten Jahren die *Landwirtschaft.* Der Produktions- und Produktivitätsrückgang, der nach und zum Teil wohl auch als Folge der Kollektivierung eingetreten war, ist längst überwunden. Zu dieser Verbesserung der landwirtschaftlichen Erzeugung haben eine ganze Reihe von Faktoren beigetragen: Neben der Überwindung der Kollektivierungsfolgen in erster Linie die Erhöhung der landwirtschaftlichen Aufkaufpreise, die Steigerung der Investitionen, die verbesserte Düngemittelversorgung, die vereinfachte und weniger administrative Planung und Lenkung der landwirtschaftlichen Produktion und nicht zuletzt die verbesserte Organisation und Leitung in den verschiedenen LPG.

Trotz der Verbesserung zeigt die DDR-Landwirtschaft in den wichtigsten Bereichen dennoch einen gewissen Leistungsrückstand gegenüber der Landwirtschaft in der Bundesrepublik. Das zeigt sich deutlich bei einem Vergleich der Hektarerträge.

Ackerwirtschaft: Hektarerträge (in dt/ha)

Zeitraum	Getreide	Kartoffeln	Zuckerrüben	Wiesen
		Bundesrepublik Deutschland		
1935/38	22,4	185,0	317,3	48,2
1957/61	28,0	223,9	391,1	57,6
1972/76	39,5	278,4	450,9	67,2
1978	44,9	295,8	466,8	74,9
		DDR		
1935/38	23,9	194,3	301,2	42,9
1957/61	24,4	161,2	261,6	43,7
1972/76	36,0	164,3	269,5	56,7
1978	38,6	186,3	289,6	73,1
		DDR in v. H. Bundesrepublik Deutschland		
1935/38	107	105	95	89
1957/61	87	72	67	76
1972/76	91	59	60	84
1978	86	63	62	102

Quelle: Statistische Jahrbücher der DDR und der Bundesrepublik Deutschland.

Ähnlich ist die Situation in der Viehwirtschaft, sowohl was das durchschnittliche Schlachtgewicht betrifft als auch bei der Milcherzeugung (siehe Tabelle S. 71).

Der entscheidende Unterschied in den Grundzügen der Agrarpolitik beider Teile Deutschlands liegt jedoch nicht so sehr in der Produktivität als vielmehr in dem Grad landwirtschaftlicher Selbstversorgung, auf dem die DDR im Gegensatz zur Bundesrepublik immer noch besteht.

Viehwirtschaft: Milchleistung der Kühe und Eierleistung der Hennen

	Milch in kg je Kuh (Basis 3,5% Fett)			Eier je Henne		
Jahr	Bundesrep. Deutschl.	DDR	DDR in v. H. Bundes-republ.	Bundesrep. Deutschl.	DDR	DDR in v. H. Bundes-republ.
1957/61	3 541	2 627	74	145	132	91
1972/76	4 334	3 701	85	234	189	81
1978	4 707	3 853	82	245	199	81

Quelle: Statistische Jahrbücher der DDR und der Bundesrepublik Deutschland

Versucht man nach dieser kurzen Betrachtung der wichtigsten Wirtschaftszweige der DDR zu einem *Gesamturteil* über die Wirtschaftsentwicklung in beiden Teilen Deutschlands nach dem Kriege zu gelangen, so muß man feststellen, daß auch im Vergleich zur westdeutschen Entwicklung der wirtschaftliche Wiederaufbau und das weitere Wachstum in der DDR bemerkenswert ist. Wenn es dennoch im wesentlichen nur im industriellen Bereich mit dem Wachstum in der Bundesrepublik Schritt halten konnte, während es in fast allen anderen Bereichen zurückblieb, so sind dafür hauptsächlich die aufgeführten Hindernisse und relativen Benachteiligungen der Sowjetischen Besatzungszone bzw. der DDR verantwortlich: Der stärkere Potentialverlust, das Strukturproblem, die höhere Belastung durch Besatzungskosten und Entnahmen, die fehlende Auslandshilfe und die mangelhafte weltwirtschaftliche Verflechtung und die Fluchtbewegung. Daneben spielte auch die gesamtwirtschaftliche Organisation, die Entwicklung eines Wirtschaftssystems eine Rolle, das für hochentwickelte und differenzierte Industriewirtschaften wegen seiner geringen Anpassungsfähigkeit wohl doch weniger geeignet ist und das vor allem viel zu hohe intellektuelle und moralische Anforderungen an die Menschen stellt, die damit umgehen müssen.

Den entscheidenden Unterschied in der Nachkriegsentwicklung beider Teile Deutschlands wird man in der unterschiedlichen Gleichgewichtigkeit des wirtschaftlichen Wachstums sehen müssen. Während in Westdeutschland alle Wirtschaftsbereiche mehr oder minder gleichmäßig am wirtschaftlichen Aufschwung teilhatten (gewisse Strukturverschiebungen sind unvermeidlich und gehören geradezu zum Wesen des Wachstumsprozesses) und insbesondere die Entwicklung der allgemeinen Lebensverhältnisse den Wiederaufbau getreulich widerspiegelte, wies die DDR ein ausgesprochen einseitiges Wachstum auf. Die Entwicklung konzentrierte sich hauptsächlich auf die Industrie, die anderen Bereiche hatten im Interesse der Industrieexpansion zurückzustehen. Zu diesen anderen Bereichen gehörte neben den schon behandelten Wirtschaftszweigen vor allem die Konsumgüterproduktion und alles, was den Lebensstandard der Bevölkerung bestimmt. Das Zurückbleiben des Lebensstandards hinter der industriellen Entwicklung der DDR und hinter der Entwicklung des Lebensstandards in der Bundesrepublik ist daher für die DDR-Entwicklung typisch. Es stellt zweifellos die Kehrseite des Wiederaufbauerfolges in der DDR dar und ist sowohl die Folge der ungünstigen Wachstumsbedingungen als auch des Wirtschaftssystems, das es den für die Wirtschaftspolitik Verantwortlichen ermöglichte, der Bevölkerung diese Belastung, drei Jahrzehnte staatlich erzwungenen Konsumverzicht, aufzuerlegen.

3. Die Entwicklung des Verbrauchs

Auch beim Vergleich der Verbrauchsniveaus und ihrer Entwicklung zeigen unterschiedliche Vergleichsmethoden unterschiedliche Ergebnisse. Ausgehend von der volkswirtschaftlichen Gesamtrechnung, zeigt die folgende Tabelle das Niveau der Verwendung des Sozialprodukts in den verschiedenen Verwendungsrichtungen.

Vergleich der Verwendung des Bruttosozialprodukts der Bundesrepublik Deutschland und der DDR 1967 und 1976
(Bundesrepublik = 100)

	absolut		je Einwohner	
	1967	1976	1967	1976
Bruttosozialprodukt	22	22	78	83
davon für				
privaten Verbrauch	20	18	69	68
Investitionen	25	26	88	96
Staatsverbrauch[a]	28	29	97	107

Quelle: Wochenbericht des Deutschen Instituts für Wirtschaftsforschung Nr. 23-24/1977, S. 200 (Bearbeiter: Herbert Wilkens)
a einschließlich Außenwirtschaft

Das wichtigste Ergebnis dieser Tabelle ist wohl die Feststellung, daß die Investitionen je Einwohner 1976 etwa 4 % niedriger, der Staatsverbrauch dagegen 6 % höher lag als in der Bundesrepublik. Das ist, auch unter Berücksichtigung der Genauigkeit der Berechnung, kein allzu großer Unterschied. Bemerkenswert ist dagegen mit 32 % der Rückstand beim privaten Verbrauch. Wendet man eine andere Vergleichsmethode an, wird der Unterschied noch gravierender.

Bei dieser anderen Methode erfolgt der Vergleich in zwei Phasen: Einmal werden die Bruttoeinnahmen, die Abzüge und die Nettoeinkommen einander gegenübergestellt und sodann die Preise untereinander verglichen. Beides zusammen läßt dann Rückschlüsse auf das Verhältnis des Lebensstandards in beiden Teilen Deutschlands zu.

Zuvor sei aber noch ein allgemeiner Hinweis erlaubt: Auch wenn im folgenden gezeigt wird, wie groß der zahlenmäßig zu ermessende Unterschied im Lebensstandard zwischen dem östlichen und dem westlichen Teil Deutschlands ist, so darf man dennoch nicht verkennen, daß auch die Bevölkerung der DDR zu den verhältnismäßig wenigen Menschen dieser Welt gehört, denen es ausgesprochen gut geht im Vergleich zu den Vielen, die Not und Hunger leiden. Innerhalb des Ostblocks steht die DDR-Bevölkerung in bezug auf den privaten Konsum mit großem Abstand von der Sowjetunion an der Spitze. Nach sowjetischen Berechnungen war in der DDR der Verbrauch pro Kopf der Bevölkerung bereits im Jahre 1963 um 50 Prozent höher als in der Sowjetunion, nach tschechischen Berechnungen im Jahre 1964 sogar um 55 Prozent[71]. Das hat zweifellos auch politisches Gewicht, denn schließlich gehört die Sowjetunion zu den Siegerstaaten des 2. Weltkrieges, die DDR hingegen nicht – auch wenn sie gelegentlich einen anderen Anschein erwecken will. Nach überschlägigen Berechnungen kann man schließlich auch vermuten, daß der durchschnittliche Lebensstandard in der DDR etwa doppelt so hoch ist, wie er vor dem 2. Weltkrieg in diesem Gebiet war. Das gilt gewiß nicht für jeden Einzelfall, aber für den großen Durchschnitt trifft es sicherlich zu. Dennoch ist es richtig und zweckmäßig, den Vergleich mit der Bundesrepublik anzustellen. Für den westdeutschen Leser, weil er den Maßstab dann aus eigenem Erleben kennt und in etwa ermessen kann, wie die Situation für die Menschen in der DDR aussieht. Diese wiederum vergleichen sich – wenn sie überhaupt Vergleiche anstellen können – mit Freunden oder Verwandten in Westdeutschland und nicht, wie gelegentlich behauptet wird, mit Indern, Ghanesen, Polen oder Bulgaren.

Aufgrund der statistischen Schwierigkeiten in West und Ost beschränkt sich der Vergleich der *Einkommen* auf die Industriebeschäftigten. Das ist zwar nur ein Teil der Gesamtbevölkerung, aber in beiden Teilen Deutschlands doch die größte und gesellschaftlich wichtigste Gruppe. Allerdings wird durch diese Beschränkung auf die Industriebeschäftigten die DDR leicht begünstigt, weil in ihr in diesem besonders geförderten Bereich die Einkommen höher sind als in anderen. Weiter soll sich der Vergleich auf Individualeinkommen und nicht auf Haushaltseinkommen konzentrieren, um die Einflüsse unterschiedlicher Frauenbeschäftigung auszuschließen. Das bedeutet aber, daß bei diesem Vergleich gar nicht so sehr der Lebensstandard im Mittelpunkt des Interesses steht als vielmehr die Frage, was ein Arbeiter oder Angestellter zu leisten hat und was er (allein!) dafür bekommt.

Ausgangspunkt ist das durchschnittliche Monatseinkommen eines Beschäftigten in der Industrie. Es lag nach speziellen Berechnungen, die nötig waren, um die Vergleichbarkeit der statistischen Angaben herzustellen, in der sozialistischen Industrie der DDR im Jahre 1978

71 Material'no-techniceskaja baza stran socializma, Moskva 1967, S. 229.

bei 867,– Mark, in der gesamten Industrie der Bundesrepublik bei 2.550,– DM. Das nominale Bruttoeinkommen war in der Bundesrepublik damit um gut 194 Prozent höher als in der DDR.

Geht man von den Bruttoeinkommen zu den Nettoeinkommen über, so vermindert sich der Unterschied. Die Sozialabgaben sind in der Bundesrepublik weit höher als in der DDR, was im wesentlichen auf die 1957 eingeführte Rentendynamik (Bindung der Renten an die Steigerung der Arbeitseinkommen) zurückzuführen ist. Andererseits ist gerade die Rentendynamik dafür verantwortlich, daß der Unterschied bei den Altersrenten in Ost und West noch größer ist als bei den Arbeitseinkommen. Während das durchschnittliche Rentnereinkommen im Jahre 1976 in der DDR 290,– Mark betrug, belief es sich in der Bundesrepublik Deutschland auf 1.223,– DM, war also mehr als viermal so groß.[72].

Durch die Lohnsteuer wird der Einkommensunterschied nur wenig verändert. Zwar ist die Lohnsteuerbelastung bei Einkommen unter 1.260,– Mark in der DDR höher als in der Bundesrepublik, für das errechnete Nominaleinkommen von 2.550,– DM ist jedoch der absolute Steuerabzug in der Bundesrepublik höher als der für 867,– Mark in der DDR. Berücksichtigt man sowohl Sozialversicherungs- als auch Steuerabzug, dann ergibt sich für den Industriebeschäftigten der Bundesrepublik ein um etwa 159 Prozent höheres Nettoeinkommen als für seinen Kollegen in der DDR.

Es muß aber noch eine Korrektur vorgenommen werden: In der DDR wird immer darauf hingewiesen, daß neben den persönlichen Einkommen der Bürger der Staat unentgeltliche Leistungen erbringt, die unmittelbar den Lebensstandard betreffen. Nun gibt es ähnliche Leistungen zwar auch in der Bundesrepublik, aber es ist sehr schwierig, sie vergleichbar abzugrenzen. Es soll daher nur der „lebensstandardwirksame gesellschaftliche Konsum" der DDR berücksichtigt werden. Er belief sich 1978 auf 7 Prozent des individuellen Konsums[73]. Daraus ergibt sich, daß mit einem Nettoeinkommensunterschied von 138 Prozent zugunsten des westdeutschen Industriearbeiters gerechnet werden muß.

Diesen Einkommensunterschieden müssen jetzt die *Preise* in der DDR und der Bundesrepublik gegenübergestellt werden, um zu prüfen, ob der Einkommensvorsprung des westdeutschen Arbeiters eventuell durch höhere Preise ganz oder teilweise wieder aufgezehrt wird. Eine Auswahl von Preisen bietet die folgende Übersicht, die mit nur wenigen Ausnahmen den offiziellen Statistischen Jahrbüchern der Bundesrepublik und der DDR von 1979 entnommen sind (vgl. Tab. S. 75).

Die Auswahl dieser Waren ist unter dem Gesichtspunkt größter Vergleichbarkeit vorgenommen worden. Dennoch blieben unvermeidliche Qualitätsunterschiede, die zusätzlich berücksichtigt werden müs-

72 Zahlenspiegel, a.a.O., S. 56.
73 Statistisches Jahrbuch 1979, a.a.O., S. 76.

Einzelhandelspreisvergleich DDR – Bundesrepublik Deutschland 1978

Ware (DDR/BRDeutschland	Einheit	DDR	Bundesrep.	DDR v.H. BRD
Weißkohl	1/2 kg	–.20	–.44	45
Kartoffeln	1/2 kg	–.09	–.29	31
Roggenbrot	1/2 kg	–.26	1.16	22
Margarine (Sorte II/Delikateß)	1/2 kg	1.00	2.24	44
Weizenmehl, Typ 405	1/2 kg	–.66	–.61	108
Zucker	1/2 kg	–.82	–.83	99
Vollmilch (2,5 bzw. 3,5% Fettgehalt)	Liter	–.72	1.11	65
Butter	1/2 kg	5,–	4,56	110
Käse (30%/45% Fett)	1/2 kg	3.60	5.35	67
Eier (BB/A)	Stück	–.32	–.24	133
Rindfleisch z. Kochen	1/2 kg	2.90	4.75	61
Rindfleisch z. Schmoren	1/2 kg	4.90	7.59	65
Schweinekottlett	1/2 kg	4.–	6.59	61
Jagdwurst	1/2 kg	3.40	6.27	54
Kaffee	1/2 kg	35.–	12.40	282
Rauchtabak, Feinschnitt	50 g	3.–	2.61	115
Trinkbranntwein, 38%	0,7 l	17.30	9.57	181
Herren-Straßenschuhe, Rindbox	Paar	41.75	63.70	66
Damen-Strumpfhose	Paar	18.–	4.18	430
Herren-Oberhemd (Kunstfaser/Mako-Popeline)	Stück	43.–	42.70	101

Quelle: Statistische Jahrbücher der DDR und der BRDeutschland für 1979

sen. Das gleiche gilt für die größere Auswahl und die reichhaltigeren Nebenleistungen des Handels (Verpackung, Bedienung, Geschäftsausstattung usw.) in der Bundesrepublik, die Kosten verursachen und von den Konsumenten im Preis der Waren mit bezahlt werden. In vielen Fällen bietet sowohl für die Qualitäts- wie die Nebenleistungsprobleme der Sommer- und Winterschlußverkauf (allerdings ohne die entsprechend gesenkten Preise) eine brauchbare Vergleichsgrundlage. Eigentlich müßten in der DDR geringere Qualität, geringere Auswahl und eingeschränkte Nebenleistungen zu niedrigeren Preisen führen. Schließlich ist auch der unterschiedliche Charakter der Preise in Rechnung zu stellen. Bei Verknappungserscheinungen steigen in der Marktwirtschaft der Bundesrepublik die Preise und die gestiegenen Preise gehen in die Statistik ein. Die staatlich festgelegten Preise der DDR verändern sich auch dann nicht, wenn es zu Versorgungslücken kommt und bestimmte Güter wochen- oder monatelang nicht zu bekommen sind. Alles das ist bei dem Preisvergleich zusätzlich zu berücksichtigen. In den Preisen kommen diese Faktoren nicht zur Wirkung.

Für den angestrebten *Lebensstandard*-Vergleich nutzen die wiedergegebenen Einzelpreise nun wenig. Hierzu muß man das Preisniveau ganzer Ausgabenbereiche miteinander vergleichen. Wenn man die Ausgaben eines 4-Personen-Arbeitnehmerhaushaltes[74] in der Bundesrepublik für jeden Bereich gleich 100 setzt, dann liegen die Ausgaben eines entsprechenden DDR-Haushaltes 1977 für

Wohnung	bei	27
Heizung und Beleuchtung	bei	36
Bildung und Unterhaltung	bei	121
Reinigung und Körperpflege	bei	95
Verkehr	bei	152
Nahrungsmittel	bei	105
Bekleidung	bei	175
Hausrat	bei	167
Genußmittel	bei	178
alle Gruppen zusammen (Lebenshaltung)	bei	114

Insgesamt sind für den DDR-Haushalt die Lebenshaltungskosten also um 14 Prozent höher als für den westdeutschen Haushalt. Legt man dem Vergleich dagegen die (einfachere) Verbrauchsstruktur der DDR zugrunde, so ergibt sich insgesamt ein Lebenshaltungskostenniveau von 89, d.h. ein Preisvorsprung der DDR-Familie von 11 Prozent. Faßt man beide Verbrauchschemata zu einem „gekreuzten Warenkorb" zusammen, d.h. bildet man einen Durchschnitt, so ergibt sich für die DDR-Familie ein um 1,5 Prozent höheres Preisniveau als für die seines westdeutschen Kollegen. Im Hinblick auf die unvermeidlichen Unsicherheiten in den Berechnungen kann man diese 1,5 Prozent als unerheblich vernachlässigen. Die Schlußfolgerung könnte dann lauten, daß das Preisniveau der Lebenshaltung für die 4-Personen-Arbeitnehmerhaushalte in der Bundesrepublik und in der DDR mit einer Fehlergrenze von 10 Prozent nach beiden Seiten übereinstimmt. Das bedeutet gleichzeitig, daß der nominale Einkommensvorsprung des westdeutschen Industriearbeiters durch die Preisrelationen nicht wieder rückgängig gemacht wird, sondern daß die Einkommensrelationen im großen und ganzen die Relationen des Lebensstandards im weitesten Sinne widerspiegeln.

Dazu noch einige ergänzende Hinweise: Der Lebensstandard-Vorsprung des westdeutschen Industriearbeiters ist in den einzelnen Ausgabenbereichen sehr unterschiedlich. Am ähnlichsten dürfte die Situation im Ernährungsbereich sein – abgesehen vom deutlichen Trend zu höherwertigen Nahrungsmitteln in der Bundesrepublik (vgl. Tabelle über Nahrungsmittelverbrauch s. S. 77).

Größer sind die Unterschiede schon im Bereich Wohnung und Wohnungsausstattung (vgl. Tabelle über Bestand an industriellen Konsumgütern) und am größten wahrscheinlich im Bereich Verkehr und Reisen.

74 Charlotte Otto-Arnold, Das Kaufkraftverhältnis zwischen D-Mark und Mark (DDR), DIW-Sonderheft Nr. 129, Berlin 1979, S. 54 f.

Nahrungsmittelverbrauch in der DDR und der BRDeutschland
(in kg pro Einwohner und Jahr)

	DDR		BRDeutschland	
	1976	1978	1975/76	1977/78
Getreideerzeugnisse	94,8	94,0	66,9	68,0
Kartoffeln	144,4	138,7	79,5	82,8
Zucker u. Zuckererzeugnisse	38,6	38,9	34,3	35,5
Frischgemüse	58,1	64,6	60,7	72,4
Frischobst	33,4	28,8	88,1	76,1
Südfrüchte	19,9	19,7	23,3	22,3
Fleisch	80,7	86,2	82,9	87,5
Fisch u. Fischerzeugnisse	8,4	6,9	9,7	10,3
Trinkmilch in l (2,5% bzw. 3,5%)	00,2	99,5	84,4	81,4
Käse	6,0	7,1	12,1	13,0
Eier (in Stück)	274	284	285	293
Fette insg. (Reinfett)	25,8	26,3	25,1	25,6
Butter	10,4	10,6	5,5	5,6
Zigaretten	1469	1683	2103	2012
Bier (in l)	124,5	130,0	151	146
Branntwein	9,1	10,3	3,3	3,0
Kaffee	2,5	2,7	3,7	.
Tee	0,104	0,124	0,133	. 3

Quelle: Statistische Jahrbücher 1979 der BRDeutschland und der DDR

Bestand an industriellen Konsumgütern in BRDeutschland und DDR (je 100 Haushalte)

	DDR			BRDeutschland		
	1962	1970	1978	1962	1970	1978
Personenkraftwagen	6	16	34,1	27	45	62
Telefon	10[1]	12[2]	.	14	32	70
Fernsehgerät	31	69	86,5	36	74	93+50[3]
Radio	92	92	98,2	88	83	99
Kühlschrank	12	56	98,6	52	85	98
Tiefkühltruhe	.	.	.	.	.	44
Waschmaschine (elektr.)	13	54	78,8	34	61	81
Geschirrspüler	.	.	.	0	2	15
Heimbügler (elektr.)	.	.	.	1	6	14

1 1965
2 Schätzung
3 nur 4-Pers.-Arbeitnehmerhaushalt mit mittlerem Einkommen
4 Schwarzweiß- bzw. Farbfernsehgeräte

Interessant ist ein zweiter Punkt: Obwohl auch in der DDR eine deutliche in Zukunft wahrscheinlich eher zunehmende Tendenz der Preissteigerung besteht (zumeist in Form des Übergangs zu höherwertigen und im Preis überproportional verteuerten Produkten), ist die Preissteigerung doch mit Sicherheit weit niedriger als in der Bundesrepublik. Dennoch ergab und ergibt sich daraus kaum ein Preisniveau-Vorsprung für die DDR, weil auch dort mit wachsendem Lebensstandard der Übergang zu höherwertigen und teureren Produkten zunehmend Bedeutung gewinnt. Der mögliche Preisgewinn wird also durch die Verbrauchsstrukturveränderung im wesentlichen kompensiert.

Und schließlich muß nachdrücklich wiederholt werden, daß es sich hier nicht um einen generellen Lebensstandard-Vergleich handelt, sondern um einen auf Industriearbeiter ausgerichteten Einkommens- und Preisvergleich. Die Lebenshaltung in der DDR wird darüber hinaus für die unterschiedlichen Gruppen und Schichten im wesentlichen durch ihre Zugriffsmöglichkeiten auf nicht über Einkommen verteilte, lebensstandardwirksame Faktoren bestimmt: Wohnraum, Automobile, verbilligte Ferienplätze, Handwerkerleistungen, Auslandsreisen und besonders West-Reisen.

Im übrigen ist trotz im ganzen steigenden Lebensstandards in der DDR der westdeutsche Vorsprung auch in den vergangenen zehn Jahren immer größer geworden. Das ist eine wirtschaftliche Tatsache. Die Diskussion über die mögliche politische Bedeutung für die Bundesrepublik Deutschland oder für die DDR gehört nicht mehr zu den hier zu behandelnden Fragen.

D. Wirtschaftliche Wiedervereinigung

Der Vergleich der wirtschaftlichen Entwicklung beider Teile Deutschlands nach dem Zweiten Weltkrieg führt zu dem Ergebnis, daß sich die Wirtschaft organisatorisch diametral auseinander entwickelt und strukturell weitgehend verselbständigt hat. Im organisatorischen Bereich haben wir im Westen eine auf dem Privateigentum beruhende marktwirtschaftliche Ordnung, im Osten eine auf weitgehender Sozialisierung aufbauende „sozialistische Planwirtschaft". Strukturell haben beide Teilwirtschaften in den letzten zwanzig Jahren alle notwendigen Ergänzungsinvestitionen vorgenommen, um sich in dem kleiner gewordenen Wirtschaftsraum neu auszubalancieren. Außenwirtschaftlich hat sich die DDR mehr oder minder zwangsläufig auf Osteuropa, die Bundesrepublik auf die westeuropäischen und anderen westlichen Industriestaaten konzentriert. Die innerdeutschen Wirtschaftsverbindungen haben sich in den letzten Jahren zwar wieder etwas intensiviert, ihre Bedeutung für das wirtschaftliche Wachstum und das Sozialprodukt beider jetzt selbständig gewordener Volkswirtschaften ist im Vergleich zur intensiven Verflechtung der Vorkriegszeit jedoch auf weniger als ein Zwanzigstel zurückgegangen.

Unter diesen Umständen liegt die Frage nahe, welche Chancen auf wirtschaftlichem Gebiet eine Wiedervereinigung beider Teilgebiete eingeräumt werden können. Ist es nicht vielmehr so, daß die Unterschiede, die sich in diesem Bereich ergeben haben und die institutionell und im Bewußtsein der Bevölkerung weitgehend stabilisiert sind bzw. die die Wirtschaftsstrukturen heute bestimmen, eine Zusammenfügung beinahe unmöglich machen und insofern ein zusätzliches Hindernis der Wiedervereinigung sind?

Tatsächlich läßt sich dieser Gedanke kaum widerlegen. Es ist dabei auch kein Trost, daß die politischen Bedingungen einer Wiedervereinigung ohnehin keine oder nur äußerst geringe Chancen einzuräumen scheinen. Die einzige Möglichkeit, die sich auf wirtschaftlichem Gebiet bietet, entspricht weitgehend dem auch politisch sinnvollsten Vorgehen: Annäherung und Zusammenarbeit auf allen Gebieten, auf denen man dafür eine Chance sieht. Wenn man die Meinung vertritt, daß eine Rückkehr zu politischen Strukturen der Vergangenheit unmöglich ist und man die Lösung bestehender Probleme nur im Rahmen neuer organisatorisch-politischer Strukturen suchen kann, so gilt das gleiche wohl auch für den wirtschaftlichen Teilbereich: Auch hier ist eine Rückkehr zu den gehabten alten Strukturen unwahrscheinlich. Neue Strukturen müßten sich in größerem Rahmen erst entwickeln. Entscheidend bleiben aber der politische Wille zur Wiedervereinigung in der Bevölkerung beider Teile Deutschlands und die weltpolitischen Rahmenbedingungen. Den hier zu findenden Lösungen kann und wird sich die Wirtschaft anpassen.

Literaturhinweise

Apel, H. Wehen und Wunder der Zonenwirtschaft, Köln 1966

Barthel, H., Die wirtschaftlichen Ausgangsbedingungen der DDR. Zur Wirtschaftsentwicklung auf dem Gebiet der DDR 1945 – 1949/50. (Ost-)Berlin 1979.

Bröll, W., Die Wirtschaft der DDR. Lage und Aussichten. München 1973

Buck, H., Die Technik der Wirtschaftslenkung in kommunistischen Staaten, 2 Bde., Coburg 1969

Damus, R., Entscheidungsstrukturen und Funktionsprobleme in der DDR-Wirtschaft. Frankfurt/M. 1973

DDR-Handbuch, wiss. Leitung P.C. Ludz u. Mitw. v. J. Kuppe, Hrsg. v. Bundesministerium für innerdeutsche Beziehungen. Köln 1975

Deutsches Institut für Wirtschaftsforschung, Handbuch DDR-Wirtschaft, Reinbek 1977

Doernberg, Stefan, Kurze Geschichte der DDR. (Ost-)Berlin 1968. 734 S.

Gleitze, B. u.a., Das ökonomische System der DDR nach dem Anfang der siebziger Jahre. Berlin 1971

Hamel, H. (Hrsg.), BRD – DDR. Soziale Marktwirtschaft und Sozialistische Planwirtschaft im Systemvergleich. München 1977

Hoff, F.U., Mitbestimmung in der DDR und in der UdSSR. Göttingen 1973

Hoffmann, J., Zentralverwaltungswirtschaft am Beispiel der DDR. 3. Aufl. Frankfurt/M., Berlin 1971

Kinze, H.H. u.a., Volkswirtschaftsplanung – Lehrbuch. (Ost-)Berlin 1975, 588 S.

Kohl, H. u.a., Ökonomische Geographie der Deutschen Demokratischen Republik. Bevölkerung, Siedlungen, Wirtschaftsbereiche. Gotha/Leipzig 1970, 612 S.

Krol, G.-J., Die Wirtschaftsreform in der DDR und ihre Ursachen. Tübingen 1972

Lauterbach, G., Zur Theorie der sozialistischen Wirtschaftsführung in der DDR. Köln 1973

Leptin, G., Das „Neue Ökonomische System“ Mitteldeutschlands. In: Wirtschaftsreformen in Osteuropa, herausgegeben von Karl C. Thalheim u. Hans-Hermann Höhmann, Köln 1968, S. 100 – 130

Leptin, G., Bilanz der Wirtschaftsreform in der DDR. In: Die Wirtschaftsordnungen Osteuropas im Wandel – Ergebnisse und Probleme der Wirtschaftsreformen. Band I: Länderberichte. Herausgegeben von H.H. Höhmann, K.C. Thalheim, M.C. Kaser, Freiburg 1972, S. 65 – 108

Leptin, G. u. Manfred Melzer, Economic Reform in East German Industry. Oxford/London/New York 1978

Mitzscherling, P., Soziale Sicherung in der DDR. Ziele, Methoden und Erfolge mitteldeutscher Sozialpolitik. (Sonderheft des DIW, H. 81), Berlin 1968

Müller, Hans, Karl Reißig, Wirtschaftswunder DDR – Ein Beitrag zur Geschichte der ökonomischen Politik der Sozialistischen Einheitspartei Deutschlands, (Ost-)Berlin 1968, 531 S.

Nattland, K.H., Der Außenhandel in der Wirtschaftsreform der DDR. Berlin 1972

Roesler, J., Die Herausbildung der sozialistischen Planwirtschaft in der DDR. (Ost-)Berlin 1978

Rudolph, J., G. Friedrich, Grundriß der Volkswirtschaftsplanung. (Ost-)Berlin 1957, 603 S.

Seidenstecher, G., Umweltschutz in der DDR. Köln 1973

Thalheim, K.C., Die Wirtschaft der Sowjetzone in Krise und Umbau. Berlin 1964

Thalheim, K.C., Die wirtschaftliche Entwicklung der beiden Staaten in Deutschland. Tatsachen und Zahlen. Berlin 1978, 142 S.

Tätigkeitsberichte des Forschungsbeirats für Fragen der Wiedervereinigung Deutschlands. Bonn

Materialien zum Bericht zur Lage der Nation, Bonn 1971 ff.

Statistische Jahrbücher der DDR

Deutschland-Archiv, Köln

Die Wirtschaft, (Ost-)Berlin

Wirtschaftswissenschaft, (Ost-)Berlin

Zahlenspiegel Bundesrepublik Deutschland/Deutsche Demokratische Republik – Ein Vergleich. Bonn

Personen- und Sachregister